教育部重点课题
"小学教师结构化教学能力生成机制与培育策略"（批准号 DHA230386）阶段性成果

U0724962

小学数学结构化学习教学指导丛书

丛书顾问　刘大伟　丛书主编　吴玉国

分数的意义

杨梅芳　朱文娟　著

南京出版传媒集团
南京出版社

图书在版编目（CIP）数据

分数的意义 / 杨梅芳，朱文娟著. -- 南京：南京
出版社，2025. 7. --（生活·实践教育文库）.
ISBN 978-7-5533-5226-8

Ⅰ. G623.502

中国国家版本馆CIP数据核字第20255ZN654号

丛 书 名	生活·实践教育文库	
丛书顾问	刘大伟	
丛书主编	吴玉国	
书　　名	分数的意义	
作　　者	杨梅芳　朱文娟	
出版发行	南京出版传媒集团	
	南 京 出 版 社	
社　　址	南京市玄武区太平门街53号	
邮　　编	210016	
联系电话	025-83283873、83283864（营销）　025-83112257（编务）	
策划统筹	谢　微	
责任编辑	冯雪含	
装帧设计	张　淼	
责任印制	杨福彬	
排　　版	南京新华丰制版有限公司	
印　　刷	江苏凤凰通达印刷有限公司	
开　　本	787 毫米 × 1092 毫米　1/16	
印　　张	13.25	
字　　数	177千	
版　　次	2025年7月第1版	
印　　次	2025年7月第1次印刷	
书　　号	ISBN 978-7-5533-5226-8	
定　　价	60.00元	

生活·实践　结构赋能

　　南京，是"生活教育""活教育"的思想发源地之一，南京晓庄学院（前身为陶行知先生创办的"晓庄试验乡村师范"）和鼓楼幼儿园等一批教育实践的典型代表依然传承至今。"生活即教育"是陶行知先生生活教育理论的核心，强调教育与生活的不可分割性：教育以生活为中心，生活含有教育的意义；生活是教育的中心，生活决定教育，教育改造生活。即使经过百年，这样的思想依然熠熠生辉。正是因为南京与"生活教育"的不解之缘，让我想到了要整理出版一套"生活·实践教育文库"，通过这一套文库的建设，对生活教育理论、行知思想在当下基础教育中落地实践的历程进行一个回顾，立足南京的教育实际，推动南京教育向更科学、更高效的方向前进。

　　作为"生活·实践教育文库"中的第一套系列丛书——"小学数学结构化学习教学指导"系列，是由南京市五老村小学教育集团总校长、江苏省特级教师、正高级教师、"苏教名家"培养工程指导导师吴玉国主编。吴玉国校长在近二十年的研究中，始终将儿童广阔的生活世界和丰富的动手实践作为两个重要维度，科学探索小学数学结构化学习的教学指导方法和适合当下儿童发展的育人路径，率先提出了具有整体意义关联的小学数学结构化的理念，科学定义了实践新课标的小学数学结构化学习基本概念，细化了结构化学习实践研究的框架内容，并形成了"研、备、教、学、省"结构化学习研训模式。他的研究，既具有高观点、大视角，又接地气、重实操，经过不断完善和发展，逐步形成了以"动手实践、学材开发"为核心的结构化"五学"框架。教师通过实施结构化"五学"，明晰教学要素，科学认知逻辑，促进素养提升，让"教学"走向"学习"，让"教育"走向"生活"；学生经历结构化的学习过程，联系生活经验，开展动手实践，深度学习自然发生，不断提升学科核心素养水平。

吴玉国校长的"小学数学结构化学习教学指导"系列丛书每本围绕一个课例，具体阐述了基于学习结构化的理解、实施与评价，体现在以下四个方面：

一是学习内容的结构化。基于教材的三个层次梳理与理解知识的本质，包括课时知识点元素关联形成的数学知识概念结构、概念关联组成的数学知识单元结构以及单元发展的数学知识大概念结构。

二是核心任务的结构化。结构化学习过程中目标要求的认识、理解、应用与核心素养发展中的必备品格、关键能力、情意态度的阶段发展相匹配的层级任务结构化。

三是学习活动的结构化。以知识为载体促进认知情感连续性对接、合作探究关联性展开以及变化情境循环式应用，逐步形成教师主体、学生主体、师生双主体建构的活动结构化。

四是目标评价的结构化。重视情境问题中元素发现、整体关联中理解建构、应用创新中结构迁移，通过表现性观察记录乃至数据化实证分析，对儿童数学学习的"抽象、推理、模型"等关键能力发展水平进行结构化评价。

"五学"框架是结构化学习指导中教师深刻理解与深度实践的抓手，通过"搭梯子、找钥匙、开窗户"，促进教师与学生创造性学习的资源开发与层级性学习的互动展开，以知识为载体，通过情感与认知"双元"驱动，科学实践"用知识来教"向"用学生来教"的转变，从而有效实现核心素养学科发展的育人目标。

吴玉国校长的结构化学习研究，有效提高了教师"一课通，百课通"的教学专业理解与实践创造能力，培养学生"课课不同，课课融通"的学习方式方法，不断推动教师教学思维改善与学生学习方式改进。让师生成为学习的共同体，在广阔的生活世界中，通过动手实践促进知识结构和综合能力的发展，转"识"成"智"，实现结构赋能学习力。

刘大伟　博士

（南京市教育科学研究所所长）

2023年9月22日

目　录

基于"五学"的结构化学习教学指导

从2000年左右开始，我就开始关注到教学中学习方式方法的问题，并开始了研究。随着研究的深入，我逐渐将研究集中到"小学数学结构化学习"这一主题上来，同时传承五老村小学建校七十年来朴实的主流文化，秉持扎实的日常做事风格，立足新时代"小能手"的培养，积极探索结构化学习、教学与教育的管理实践，将学校教育发展成相互学习、相互促进、协同进步、融合互通、共享共生的成长共同体，提升"结构化教学，整体性育人"的品质，带动学校每一位教师在生活中学会工作，在教育工作中融通生活，在教育实践中创生价值，实事求是，身体力行，知行合一。我们在课堂上开展动手操作、体验体悟、记忆认知等育人实践的科学探索，努力做出"陶行知教育"新时代学校教育的模范，即做出大国工匠与拔尖人才教育培养的奠基典范探索。"生活·实践"是大教育学原理，结构化是学科探索的科学依据。2014年，在获评江苏省人民教育家培养工程第三批培养对象后，在杨九俊等导师的指导下，我明确了研究主题——小学数学结构化学习的实践研究，该研究获批"江苏省基础教育前瞻性教学改革实验项目""江苏省教育科学规划重点资助课题"与"江苏省基础教育内涵建设项目"。2022—2023年期间，随着省基础教育前瞻性教学改革实验项目和江苏省教育科学规划重点资助课题顺利结题，我又进一步思考，要将这项研究继续深入发展下去，让更多的师生从结构化学习实践中受益。

2022年4月，新一轮课程标准颁布实施，明确提出了"课程编制要基于核心素养培养要求,加强课程内容内在联系,突出课程内容结构化"。我近二十年来的教育主张与此不谋而合,这更加坚定了我要将结构化教学实践继续进行到底的决心。2023年8月,在前期成果的基础上,我申报并顺利获批教育部重点课题《小学教师结构化教学能力的生成机制与培养策略研究》。在新课程标准的引领之下,以课题为依托,我又将开启一段新的研究旅程。

在研究的过程中,我关注"生活—学习—实践",挖掘前期的结构化学习教学实践的合理之处和不足之处,不断完善结构化"五学"的理论和实践框架,力求让结构化"五学"真正成为教师教和学生学的科学指导手册。小学数学结构化学习(图1),遵循数学学科的整体系统性、结构关联性的本质特征,通过教师开展学理分析、学情调研、学材开发、学程设计和学评调节,聚焦知识经验的结构内容、思维方式的结构过程、思想方法的结构目标,引领学生经历完整、深刻而又有意义的学习过程,帮助学生走向整体关联的深度意义建构,促进个体思维结构的发展。具体来说,首先,教师要从学生的角度、生活的角度去理解数学,还要了解相关的数学史,弄懂数学知识的来龙去脉,清晰同一数学知识的不同表现形态。其次,教师还要对学生的学习情况进行调查和研究,从教材编者的角度分析教材的内在认知逻辑,在二者融合的基础上创设真实有趣的问题情境、设计版块化的教学环节、开发学习需要的材料。再次,师生共同利用学习材料进行实践,帮助学生理解材料背后承载知识的基本结构、本质规律、价值意义、思想方法、情感态度等,生动地理解知识,形成知识结构。最后,合理进行迁移运用,引领学生由学科世界走向广阔的生活世界,解决现实世界中存在的真实问题,不断建立起与外部世界的丰富联系,促进他们必备品格的发展与关键能力的提升。通过结构化学习方式,将课堂学习向生活打开,让学生边学习边实践,激发实践智慧,改善思维方式,提升思维品质,促进个体的完整成长。

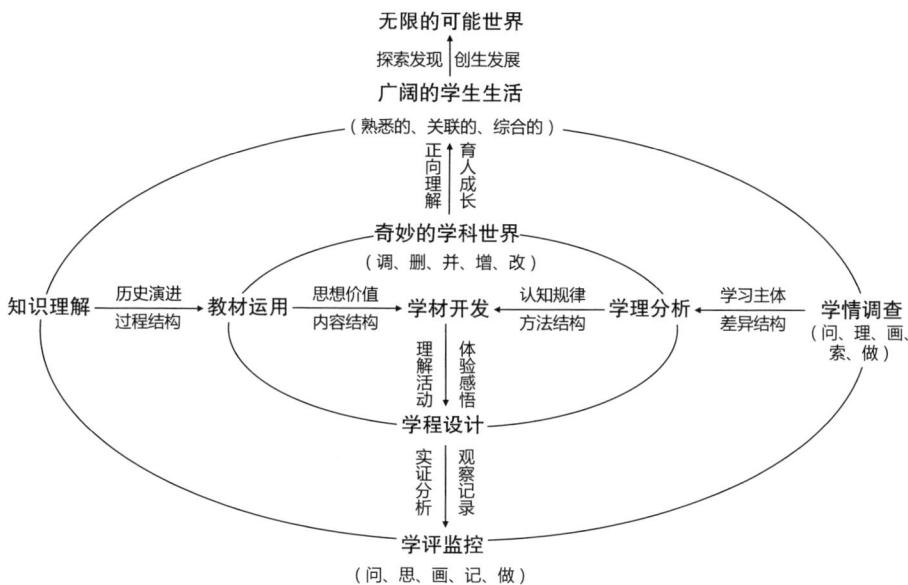

图1

    每一个学生都是具体的人，都是鲜活而独特的生命。我们积极转变评价观念，坚持多元发展观，遵循知行统一、理论联系实际等原则，重视在生活中教育、在劳动中实践，努力探寻新时代"生活·实践"教育的原理与策略，通过"小能手"评价、课堂教学评价，运用生活经验与思维方式去连接教学、学习与教育的整个场域，引领学生经历具有整体意义的探索，引导学生发现并经历问题解决的真实过程，提升学生基于问题发现与解决的持续学习的意识与能力，学会独立思考、合作探究与展示分享，提升学生在运用中综合解决复杂问题的素养以及在问题解决中的元认知水平，不断培养指向创造的可持续的学习能力。

一、基于课标相关理念与要求，展开学理分析与学情调查

    《义务教育数学课程标准（2022年版）》在课程内容组织上要求："重点是对内容进行结构化整合，探索发展学生核心素养的路径。"目前，学科知识主要以教材形式呈现，教师需要在理解课标与梳理教材的基础上清楚教材结构与目标要求，搞懂儿童数学学习的认知规律与方法结构，从而掌握儿童的数学学习原理。

小学数学结构化学习着眼于数学整体知识结构的建构，将课时内容置于数学知识整体之中，通过对课时内容与单元、主题、领域，以及其他学科相关内容的关联性分析，重新建构具有连续性、关联性和生长性的课时内容。教师要从学生真实生活的角度去理解数学，从学生熟悉的、关联的、综合的知识经验出发，真正弄懂知识的来龙去脉，清楚学习的过程与结构；教师更要重视学生学习情况的调查与研究，将内容结构、方法结构、情意结构融入目标结构之中，并主动融入教材编者与学生之中一起研究，开发学习需要的材料，创设真实的问题情境，引领学生自主地学习与反思等，真正通过学习提高学生元认知水平，促进他们形成学科教育必须培养的必备品格与关键能力。

教师运用开发的学材进行具体课时内容教学时，要做到以下三个方面：一是要将点状知识"嵌入"到单元、主题之中，从关联的例题、单元、主题、领域的目录梳理中分析与理解基于大概念的横向和纵向的知识结构网，确立基于数学本质的核心问题。二是要明晰直观操作、抽象推理与模型应用"螺旋上升"的层级结构，从而透彻辨析知识内在组织形态，从构建知识、教师、学生等学习共同体出发，立足学生基础知识、基本技能、基本思想和基本活动经验，了解学生的生活和学习的相关经验，调查了解学生是否知、知多少与怎么知的整体经验，考量学生现实认知的整体水平与存在的具体差异。三是将知识的单元结构与学生的整体经验结合起来，依据课程标准的相关要求和真实问题的引领，进一步找到知识学习的核心任务，设计主题活动，凸显潜在能力发展，真正理解知识结构与认知结构的关联，刻画立足于学科知识结构与学生认知结构的学习路径图，努力达成目标综合性、主体多元性和过程活动性的教育目的。所以，从整体意义关联的角度理解和把握教材，是落实课程内容与课程标准对接的前提，是提升教师教学融会贯通专业理解与分析学情的关键。这为科学设计与有效组织实施教学打下了基础。

二、基于核心问题与任务的把握，开展学材开发与学程设计

《义务教育数学课程标准（2022年版）》指出："在教学中要重视对教学内容的整体分析，帮助学生建立能体现数学学科本质、对未来学习有支撑意义的结构化的数学知识体系。"小学数学结构化学习遵循儿童的认知、心理发生发展规律，强调学生在学习过程中基于数学学科的"逻辑意义"与基于自身已有认知的"经验意义"而建立的心智发展结构图式（图2）。

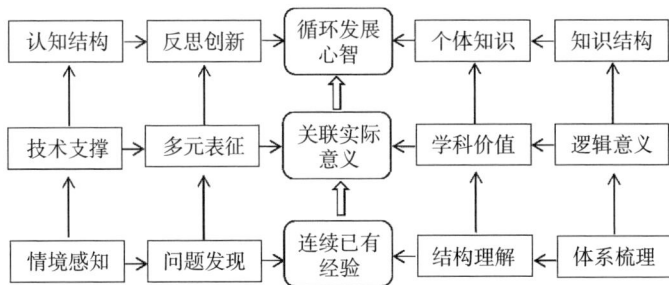

图 2

在研究学理和学情的基础上，着力将教材转化为学材，即通过教师的专业化理解与儿童认知结构，设计联结学生认知经验的真实情境，激发学习者发现数学问题，找到关联的数学元素，促进适合于学生数学结构知识的理解。学材开发基于知识内容、认知过程和学生学习之间整体、关联、发展的关系，从整体到细节对学习课程进行适合的、个性化的挖掘、重组，构建能够促进学生主动学习的材料资源，并努力遵循以下三个原则。

一是整体性原则。教师依据教材分析数学知识的结构内容，提炼知识的核心元素，厘清知识生长的原点，以及知识的发生、发展脉络，明晰知识与知识之间、知识与方法之间的纵向和横向关联，体现知识体系与学生认知过程的整体性。

二是关联性原则。教师依据知识的关联结构及其变化，打通知识点的联系，创造真实学习的整体性情境；把握知识结构中核心概念不断变化与上升性数学问题的解决，促进学习过程由内而外进行结构化理解，不断经历由点到面、由面及体结构化的数学学习过程，从而实现"课课不同，课课融通"的数学结构化学习。

三是发展性原则。学材的开发应重视以学生的学习经验为基础，突出学生的内在动机、兴趣、态度、习惯等因素，科学运用具象、表象、抽象与想象等不同层级的认知活动，不断提升学生自我反省、修正与调节的元认知水平，促进数学学习的综合素养发展与关键能力的提升。

《义务教育数学课程标准（2022年版）》强调："帮助学生学会用整体的、联系的、发展的眼光看问题，形成科学的思维习惯，发展核心素养。"在课堂学习的层面上，结构化学习的具体体现是"连续—关联—循环"的课堂学习模型（图3）。

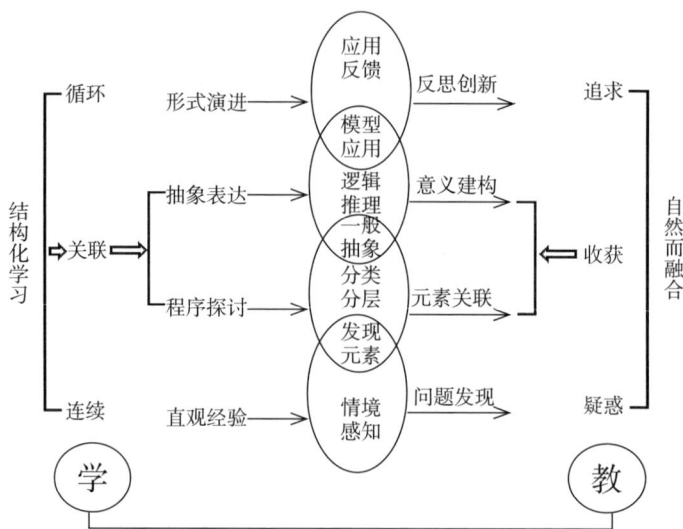

图 3

在连续中着力核心知识的"直观"过程，在关联中凸显多元表征形式的"概括"过程，在循环中突出综合应用的"回问"过程。教学通过对学生的学习过程，即"直观经验—程序探讨—抽象表达—形式演进"的深度理解，支持他们的"问题发现—元素关联—意义建构—反思创新"等系列活动。这样经过"连续—关联—循环"三个环节的教学活动，支撑起学生"疑惑—收获—追求"的学习效果，让学生的学习自然而有意义地发生。基于数学知识的整体意义关联，促进结构化思维发展，进一步设计结构化学习"3×3"活动方案，即连续、关联、循环与情境、活动、评价的结构化活动组织，在结构化学习的每一个环节匹配发展必备品格、关键能力与情感态度等方面的核心素养（表1）。

表1 结构化学习的教师"3×3"备课

	情境	活动	评价
连续	设计经验情境，连续学生已有知识经验和生活经验	经历系列感知活动，经验感知，形成认知冲突；学习定向，激发积极的学习心向	能体现教师"搭梯子"主导作用，让新知的学习与已有知识经验、思维和情意结构产生连续，使学习真实发生
关联	设计互动情境，经历"具象、表象、抽象"表征过程，形成概念或模型	经历系列体验活动，体验理解、分析描述、表象建构，互动交流	能体现师生"找钥匙"互动作用，师生能紧紧围绕核心概念进行积极互动，融通数学知识内在关联。能体现"围着学生学"展开教学活动
循环	设计实践情境，经历问题解决过程，迁移应用、深化新知、持续问题	经历系列实践活动，迁移应用，循环上升，完善学生自我发展心智模式	能体现学生"开窗户"主体作用，学生在实践应用中实现知识、方法和思想的迁移应用、循环上升

《义务教育数学课程标准（2022年版）》指出："一方面了解数学知识的产生与来源、结构与关联、价值与意义，了解课程内容和教学内容的安排意图；另一方面强化对数学本质的理解，关注数学概念的现实背景，引导学生从数学概念、原理及法则之间的联系出发，建立起有意义的知识结构。"结构化学习就是数学概念、模型建构的科学支撑与有效途径，通过"连续—关联—循环"的结构化学习，让学生经历数学知识的形成、应用与发展的完整过程，促进数学知识完整体系的建构，让学生的思维更加清晰、全面、深刻，实现深度学习，提升数学思维品质；教师与学生一起"搭梯子、找钥匙、开窗户"，结构化地教学设计与组织实施，引导教师有效改善教学思维方式，整合优化教学资源，灵活组织教学活动，逐步实现由"用知识来教"向"为学生而教"转变，实现素养导向的数学学习。

搭一个梯子，促进已有经验与认知基础的自然连续。数学知识具有高度的整体性和关联性，教师在进行教学设计时要重视对教学内容的整体理解与分析，了解数学知识的产生与来源、结构与关联，理解知识本质内涵，清晰学生认知水平，基于教材甚至突破教材创造最符合学生认知需求的学习内容。把知识从教材中"请"到学生的身边、手上、心中，乃至大脑里，为学生搭建一个具有助学意义的"梯子"，以充分调动学生主动投入学习活动的兴趣和自信心，唤醒师生一起进入学习的积极状态。

给一串钥匙，促进独立思考与合作探究的持续关联。学生获得数学经验和情感体验来自个体经历的数学活动过程，这个过程也是通过交往的社会化学习而不断实现的。《义务教育数学课程标准（2022年版）》强调："重视学生直接经验的形成，处理好直接经验与间接经验的关系。"学生在交往活动中，通过与他人对话、互动，可以让模糊的认知清晰起来，促进元认知水平的不断提升，从而对认知的对象形成更全面、更深刻的认识。通过学习方式的变革激发每一个学生能够独立思考并积极参与到"共同"问题的探讨之中，彰显不同学生的不同理解与表达，并在解决真实问题的过程中展示学习成果，使自主研讨、合作交流、质疑反驳获得平衡统一，让学生在"做"中经历完整的数学知识形成过程，以及探寻解决问题"钥匙"的过程。

开多扇窗户，促进实践应用与自我认知的价值循环。当学生获得新知之后，要重新回到生活中去实践，在问题解决中进一步发展知识、认知与情感。结构化学习重视构建师生、生生的动态主体结构，激发学生想象、预见未来的可能，变换思维方式，启发创新意识，培养持续学习的意志品质，不断实现核心素养落地生根。学生通过对新知识的理解与意义建构，形成个体性的知识内化结构；特别是在新的问题情境中运用模型解决问题的能力，反思获得知识、解决问题过程的意识，建立并完善自我认知图式，提高元认知水平，从而促进心智开放与发展，在数学学习中培养关键能力与必备品格。重视知识结构的迁移应用、跨领域知识、跨学科知识的综合应用；以及在更加复杂的问题情境中想象、开放与解放的思想与方法培养。进而让学生在独立思考、合作探究与交流分享中，培养学习的兴趣、习惯、意志与品质。

三、基于思维结构与心智转换，建构发展性评价体系

小学数学结构化学习目标评价将应用性放在重要位置，贯穿数学学习的

始终，重视学生的数学理解与综合应用，促进知识结构发展与心智结构发展之间的转换，在经历直观、表象、抽象与反思中，结构化地认识、理解、应用，理性地进行问题分析与模型转换，创造性地解决新环境中的新问题。评价侧重思维的迁移运用和元认知反思，以促进学生数学知识、数学思维和理性精神的同步进阶。

第一，评价目标具体化。结构化学习突出结构化思维的形成以及知识、方法、思想迁移能力的培养，对学习过程、学习行为、学习结果、学习态度等都有具体要求。在连续、关联、循环三个学习环节中，将课堂学习的时段目标与单元学习的阶段目标以及学科学习的整体目标有机地贯通起来，实现目标的一致性与阶段性的统一。教师有效设计学习的情境与活动，开发学习工具与技术，组织学习内容与形式，引导学生主动进入经验连接学习、深入探究体验学习与反思应用学习。

第二，评价过程全覆盖。小学数学结构化学习评价，指向学习过程与学习结果相结合、显性效果与隐性效果相结合。小学数学结构化学习更加重视思路、思维、思想与教学的方式方法、数学学科素养相结合的评价，评价贯穿学习的全过程。

第三，评价内容结构化。结构化学习评价在内容、方法、过程、成果以及情感、态度、意志、价值观上浑然一体。学习内容的知识结构化，把握纵向贯通领域知识与横向融合跨领域知识的整体关联结构化，明晰基于年段知识单元章节的关联，以及基于核心概念的课时关联，以课始看见核心概念，发现结构；课中探究核心任务，建立结构；课尾提升核心素养，深化结构为目标。

第四，评价引领新创造。结构化学习所倡导的评价旨在让教师在理解数学课程目标、内容和意义的基础上，更新教育观念，优化教学方式，积极创造真实连贯的情境，引导学生不断对接自己的经验，关联不同知识，促进学生情感、意志与思维的和谐发展。在教学中，教师还要能善于运用情感与认知的"双轮"驱动，有效解决纸上谈兵、照本宣科与学做分离等问题，有力推动教师对教学的专业理解与实践，最终实现学生深度学习的发生与建构。

结构化学习的课堂，在课尾都会让学生反思学习了什么、怎么学习的、还想到什么问题。结构化学习，要求学习者通过回顾和反思自己的真实体验，用一种全新方式去分析和理解学习的内容，关注并重视它们对概念理解、问题解决及经验建构等过程的变化。反思之所以是结构化的，是因为它需要由一些即时特定的提示、循序渐进的问题、巧妙合适的情境、有组织的讨论及其他相关活动来引导，以促进学习者深层次、系统化地思考问题。回顾与反思让学生打破思维的"天花板"，生长出合理的新问题，在数学之"变"中发现不变的规律，感受数学结构之美。

学生个体之间是存在差别的，根据不同学生的能力水平，有步骤地推动学生结构化水平的发展：首先形成知识结构，并不断反思学习过程，发展元认知，清晰自我的认知结构，在知识与认知的融通融合发展中，最终达到提升素养结构的目的。层级结构化水平表现为不同的应用能力，数学知识的结构一旦形成学生就能够在学科内进行迁移和运用，面对新的问题自然连接和激活结构性知识，继续还原到结构中的元素，顺利解决新问题的同时也继续将新问题产生的新知识纳入，拓展和发展原有的知识结构。知识的迁移运用过程一定伴随着思维的卷入，迁移运用过程中的元认知反思，也促进了认知结构的发展。认知结构具有更强的迁移力，思路、思维和思想，可以突破学科的界限，实现跨学科迁移和运用，促进不同学科知识之间的融合。反之，通过多学科融合的迁移活动，其认知结构水平也会相应提升。知识与认知的结构融合发展，最终促进了整体素养结构的发展，这样的结构就可以与学习的、生活的现实和谐融通，能够在现实生活中，主动发现问题，运用结构性思维，设计和实施科学解决问题的步骤，反思过程，修正完善，成为解决问题的小能手和美好生活的创造者。

小学数学结构化学习在教师优化学习内容与提供工具技术的支撑下，帮助学生拓宽思维视野，优化思维方法，提高思维能力，在学习过程中有效突破思维定式，改进学习的方式方法，不断提升数学思维品质，让思维更加清晰、全面和深刻。本书建立在小学数学结构化学习实践近二十年的研究成果基础之上，以"分数的意义"为例，具体阐述了如何将结构化学习的"五学"框架应用于一节具体的数学课中。通过这样的"一课"研究，努力让教师明白"一类"课该怎样教、怎样学，达到"一课通，百课通"的研修目标。

"分数的意义"一课的研究，以学生为中心，从学生学习的角度出发，关注学习的整体历程，包括分数意义的知识和认知序列、学生已有的知识、生活基础和最近发展区、学材开发的路径和对学生的认知支持、学习过程的师生双边活动、不同维度的过程性和结果性评价以及教学过程的回顾反思和经验总结，也就是本书的六个方面：学理分析、学情调查、学材开发、学程设计、学评监控和教学实施，力求全面对"分数的意义"进行结构化的深度分析与教学实践。当然，我们的研究还在不断完善和发展阶段，"分数的意义"也是阶段性研究的成果，热诚欢迎专家和读者提出宝贵的意见，让我们的研究更加完善，更加科学。

吴玉国

2025年6月

第一章　学理分析

学理分析是小学数学结构化教学的基石，通过细致入微地剖析所学内容，教师理清知识结构，掌握教材的编排体系，读懂教材知识纵向跨年段与横向跨领域的联系，引导学生充分感受和把握教材的知识结构、方法结构与思想结构。本章主要对"分数的意义"一课进行透彻的学理分析，让学生明确分数产生与发展的完整过程，理清各版本教材特色的编排与设计，建构分数知识的完整样态，促进学习深度自然发生，以帮助学生实现知识技能、过程方法、情感态度等的全面发展。

第一节　数的发展历史中的分数

一、分数的发展史

历史上分数几乎与自然数一样古老。分数就是随着社会的发展，从丈量土地和测量容积中；从计算时间和制造器皿中；从人们的生活和生产的实践中逐渐形成的。人类文化发展的初期，由于均分和测量的需要，人们引入并使用了分数。分数的产生一般有以下两个原因：

（一）由于均分而产生分数的需求

原始人类最初是没有"数"的概念的，后来由于生活和生产的需要，人们必须清点东西的件数，从而产生了自然数 1、2、3······又出于在数东西的时候，发现没有东西可数，或者是在进行减法运算时能恰好减尽，在这样的情况下，又出现了"0"，自然数和"0"通称为整数。随着客观事物的发展，需要平均分配的事例是很多的，在平均分配的时候，每人所得物品的数目，不一定完全能用整数来表示，如 2 个人一起猎获了 9 只野兔，每人先分得 4 只，可是还有 1 只余下来，这 1 只每人是分不到 1 整只的，只能每人分半只。在这样的情况下，人们就迫切地需要有表示半个数的新数出现。又如几个人分吃一整个西瓜，需要把西瓜切成小块，平均分配着吃，这时每人吃的不是一整个西瓜，但也不是一点儿没吃，所以每人吃西瓜的"部分"既不能用"1"表示，也不能用"0"表示。这样，人们感觉仅用整数就不够表示了，需要把单位"1"平均分成若干份，用它的一份或几份来表示所分得的结果，就产生了分数。

（二）由于测量而产生分数的需求

人们在日常生活与生产中，经常需要测量某件东西的长度。例如，用手去测量猎枪的长度，用尺去测量绳子的长度等。在测量的时候，所得的结果，不一定完全能用整数来表示。实际测量时，我们经常用"米"作为长度单位，如测量一根绳子的长度，测得的结果，比 1 米长，但又比 2 米短，那么这根绳子的长度既不能用"1"表示，也不能用"2"表示，但在约定俗成的规则里"1"和"2"已经是两个紧紧相邻的自然数了，它们中间再没有其他自然数了，为了用"米"作为绳子剩余部分的长度单位，就必须引进新的数，在这样的情况下，分数也就应运而生了。

分数的产生经历了一个漫长的过程，最开始，将物体一分为二，于是产生了原始的分数概念，或者叫作分数概念的萌芽，这也几乎是世界各民族分数概念的共同渊源。在此之后，才逐渐出现了三分之一、三分之二等简单的分数。

我们知道，把单位"1"平均分成若干份，表示这样一份或几份的数叫作分数。要说起为什么叫分数？是因为分数这个名称本身就直观而生动地表示了这种数的特征。分母表示把一个物体平均分成几份，分子表示取了其中的几份。分子在上，分母在下，也可以把它当作除法来看，也就是用分子除以分母（因为 0 在除法中不能作除数，所以分母不能为 0）。相反，除法也可以用分数表示。

分数的表示形式也经历了漫长的发展史，最早得从3000多年前的埃及说起，古埃及人为了在不能分得整数的情况下表示数，埃及人用一个卵形符号"⟳"表示分子为1的分数（图1-1）。

$$\frac{1}{2}$$

图 1-1

接着，古巴比伦人是这样表示分数的（图1-2）。

$$\frac{1}{3}$$

图 1-2

我国很早就有了分数，在2000多年前，用算筹表示分数（图1-3）。

$$\frac{2}{3}$$

图 1-3

后来，印度人发明了数字，用和我国相似的方法表示分数，但中间是没有分数线的（图1-4）。

$$\frac{2}{3}$$

图 1-4

1175年，阿拉伯数学家阿尔·哈萨创造性地在分子、分母之间添加了一条横线，分数线由此诞生，更加形象地表示了"分"的含义。"分数"的表示形式，就成了现在这个样子（图1-5）。

$$\frac{2}{3}$$

图 1-5

1845 年，经英国数学家德摩根继续发展，分数的表示更加简洁，即在分子和分母之间加一条斜线来表示分数线，如将"$\frac{2}{3}$"表示为"2/3"。

综上所述，虽然各个国家，各个时期对分数的表示形式有一定的差异，但是都肯定了分数是一种"数"而非一种运算，它的产生主要原因是在计算中出现了商不能用整数表达的情况，当商不能用整数来表达，为了准确表示结果，必须引进一种新的数。当然，在现实情境中，分数的产生与均分或测量有关。例如用某一计量单位均分，分了一些后，剩下的部分不够一个计量单位，但是还要继续分下去，就产生了更小的计量方式，这就是分数。分数的本质在于真分数，即分数的分子小于分母。因此在研究分数的过程中，更加关注真分数的研究。因为真分数的产生有着更强的现实背景：一个是表达整体与等分的关系；另一个是表达两个数量之间整数的比例关系。

二、分数中的几个重要概念

实践中，我们除了用到整数外，也经常用到分数。例如，我国人口约占全球总人口的四分之一，我们把四分之一写作$\frac{1}{4}$。工人师傅把一根钢条平均锯成五段，取其中的四段，这四段就是这根钢条的五分之四，五分之四写作$\frac{4}{5}$。某农具厂制造一种新式农具，成本是 45 元，是原来成本的八分之五，八分之五写作$\frac{5}{8}$。这里的$\frac{1}{4}$、$\frac{4}{5}$、$\frac{5}{8}$都是分数，分别把一个整体"1"平均分成了 4 份、5 份、8 份，取其中的 1 份、4 份、5 份。由此我们可以这样定义：把一个整体平均分为若干份，表示其中一份或几份的数，叫作分数。在分数里，表示把整体"1"（单位"1"）平均分成若干份的份数，叫作分数的分母，表示所取的份数叫作分数的分子，表示其中一份的分数，叫作分数单位。

由此可见，整体"1"（单位"1"）和分数单位是分数中两个重要的概念。因此，下面着重介绍这两个概念。

（一）单位"1"

在分数中，单位"1"是一个核心概念，它代表了一个整体或完整的量。一个物体、一个计量单位或由许多物体组成的一个整体，都可以用自然数"1"来表示，通常我们把它叫作单位"1"。单位"1"是一个重要的概念，"1"从表示数量的"1"个到看作"一个整体"，无论是对学生还是对数学的发展来说，"1"都产生了"质"的飞跃，这也是分数的意义的重要内容。对分数的初步认识是把"1个"平均分为若干份，而分数的再认识则是将"一个整体"平均分为若干份。如果不讲"单位'1'"，怎么体现分数的意义与对分数认识的不同？

在分数的意义中，对单位"1"的明确和理解至关重要。它为我们提供了一个基准或参照点，使得我们能够用分数来精确地描述部分与整体之间的关系。当我们说某个量是单位"1"的几分之几时，我们实际上是在将这个整体平均分成若干等份，并指出部分占这些等份整体中的几份。

如把一个苹果看作单位"1"，那么当"我吃了这个苹果的 $\frac{1}{2}$"时，就意味着我们把整个苹果平均分成了两份，并吃掉了其中的一份。一件东西、一个集体、一段路程、一项工程、一个国家的人口等都可以作为单位"1"。单位"1"的意思就是把一个整体看作"1"。但值得注意的是，单位"1"并不是固定不变的，在不同的情境和问题中整体和部分可能是相对的。例如一个班级可以作为单位"1"，但是如果把一个学校作为单位"1"，那么一个班级就是这个学校的一部分；如果把全市的学校作为单位"1"，一个学校就是全市学校的一部分。也就是说，整体与部分是可以转化的，就看用哪一个标准来确定一个整体。

（二）分数单位

我们都知道分数是一种数，是数就会有单位。计数的单位就是表示被计数的数中有多少个单位。自然数的计数单位就是 1，任何一个自然数都是由若干个 1 组成的。例如"8"是由 8 个 1 组成的，"13"是由 13 个 1 组成的。零点几的小数的计数单位是 0.1，零点几就表示有几个 0.1；零点几几的小数的计数单位是 0.01，零点几几就表示有几个 0.01；零点几几几的小数的计数单位是 0.001，零点几几几就表示有几个 0.001……分数也有分数单位，从图 1-6 可以看到，$\frac{1}{6}$ 是由 1 个 $\frac{1}{6}$ 组成的，$\frac{2}{7}$ 是由 2 个 $\frac{1}{7}$ 组成的，$\frac{4}{15}$ 是由 4 个 $\frac{1}{15}$ 组成的。这里 $\frac{1}{6}$、$\frac{1}{7}$、$\frac{1}{15}$ 在分数中起着计数单位的作用，因此，我们把它们分别叫作 $\frac{1}{6}$、$\frac{2}{7}$、$\frac{4}{15}$ 的分数单位。一般来说，$\frac{n}{m}$ 的分数单位是 $\frac{1}{m}$，它表示把单位"1"平均分成 m 份，取其中的一份。

分　　　数：	$\frac{1}{6}$	$\frac{2}{7}$	$\frac{4}{15}$
分　数　单　位：	$\left(\frac{1}{6}\right)$	$\left(\frac{1}{7}\right)$	$\left(\frac{1}{15}\right)$
分数单位的个数：	（1）个	（2）个	（4）个

图 1-6

因此，所有的分数不仅可以看作是单位"1"的几分之几，也可以看作是若干个单位的几分之一。例如分数 $\frac{5}{8}$，不仅可以看作是单位"1"的 $\frac{5}{8}$，也可以看作是 5 个单位的 $\frac{1}{8}$。又如，分数是 $\frac{8}{13}$，不仅可以看作单位"1"的 $\frac{8}{13}$，也可以看作 8 个单位的 $\frac{1}{13}$。由分数单位，我们又可以给分数作这样的定义：分数 $\frac{n}{m}$ 不仅可以看作单位"1"的 $\frac{n}{m}$，也可以看作 n 个单位的 $\frac{1}{m}$，这里的 $\frac{1}{m}$ 就是 $\frac{n}{m}$ 这个分数的分数单位。

第二节 数学教材中的分数

一、梳理教材知识结构图

分数是在认识自然数的基础上数系的扩张，是人们首次对非负有理数的探索。因此，在数的发展史中分数扮演了一个重要的角色。数系的发展大致经历了这样一个过程：自然数——分数——小数——负数——有理数——无理数……分数的学习属于"数与代数"领域。认识数贯穿中小学阶段，具体编排如下：一年级学习 10 以内的数、20 以内的数、100 以内的数；二年级学习万以内的数；三年级学习分数的初步认识（一）和（二）、小数的初步认识；四年级学习多位数的认识；五年级学习小数的意义、分数的意义、负数的认识；六年级学习百分数；七年级学习有理数；八年级学习无理数……分数是"数与代数"领域的重要内容，从自然数到分数是数概念的一次扩充，更是学生对数概念认识的一次飞跃（图1-7）。

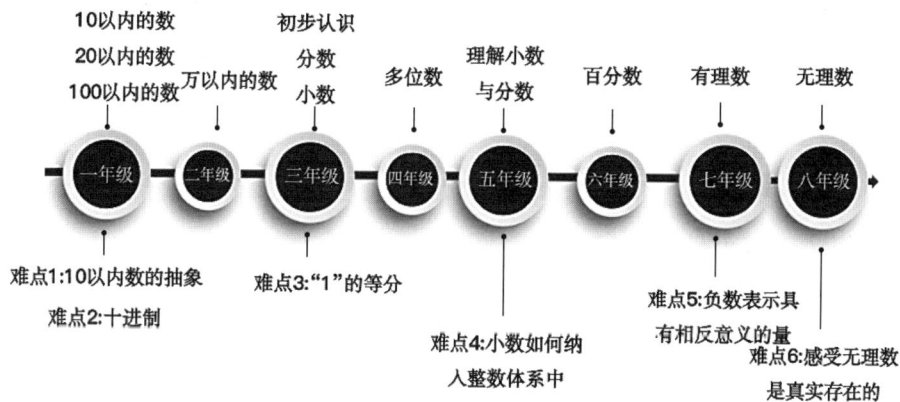

图 1-7

在数的世界里，从整数向分数的探索，标志着我们对数认识的一次深刻飞跃。数的认识遵循着这样一条主线：整数从 0~9 的认识到 11~20 的认识，从认识 9 到认识 10 是认数的一个难点，重在理解十进制；接着认识百以内的数、千以内的数、万以内的数，都是建立在十进制的基础上。

认识分数、小数、整数的难点在于理解十进制，分数与小数则刚好相反，重在理解"十分"，即"1"的十等分……分数作为一种独特而精准的数的表示方式，和小数一样，是数的认识的扩充，其核心意义在于帮助我们度量小于 1 的量。它应该比 1 小，比 0 大，即需要对一个物体进行分割，用新的数来表示整体中的"部分"，更突出分数是一个"数"的意义。如对"半个苹果"进行数的表达时，需要用到 $\frac{1}{2}$，表示把"1"（1 个苹果）平均分成 2 份，其中的 1 份就用 $\frac{1}{2}$ 来表示，这样就产生了"单位分数"。当然除了将"1"进行十等分，分数中也蕴含着十进，以单位分数为基础，将其作为分数单位可以表达更多的分数，例如 2 个 $\frac{1}{3}$ 就是 $\frac{2}{3}$，表示把"1"平均分成 3 份，其中的 2 份就是 $\frac{2}{3}$。这样看来，分数既可以通过分完之后数出来，也可以由分数单位不断累加形成。从某种程度上来说分数与小数、整数关系密切、一脉相承，所以整数向分数、小数的扩充是必然的。

数学是一门结构性极强的学科，数学知识的形成、演化过程具有很强的逻辑性，因此，教材在编排分数的知识时，也是采用螺旋上升的方式，将零散的知识点通过核心概念的方式统整分布在不同的年级、不同的学段，让学生在阶梯式的教学过程中改造并不断完善已有的认知结构。苏教版教材安排学生分三个阶段学习分数：第一次是在三年级上学期学习"认识一个物体的几分之一（几）"，首次引入分数概念，是分数教学的起点，重点认识将"1 个"物体平均分为若干份；第二次是在三年级下学期学习"认识一个整体的几分之一（几）"，在旧知的基础上进行连续学习，重点认识将"一个整体"平均分为若干份，并理解分数的本质（无论是一个物体还是一个整体，表示分得的一份和总份数之间的关系都可以用几分之一来表示）；第三次是在五年级下学期学习"分数的意义"，结合前两次积累的"认识分数"的经验，重点认识将"单位'1'"平均分为若干份，归纳概括分数的意义，并借助分数单位理解分数、小数、整数在数的意义与表达上的一致性。

二、教材中的分数知识结构

分数的认识在小学阶段主要经历以下阶段：三年级上册认识一个物体的几分之几，三年级下册认识一个整体的几分之几，五年级下册学习分数的意义，小学阶段对于分数的学习不仅限于简单的认识，在通过对分数多次的深入认识以及后续的不断学习中，关于分数的运算的内容也不断扩充。

三年级两次"分数的初步认识"的学习对五、六年级分数相关知识的学习起着重要的奠基作用。"分数的初步认识"对涉及的一个物体或一个整体的理解直接影响着五年级下册"分数的意义和性质"的教学；"分数的简单计算"中同分母分数的加减，为五年级下册"分数的加法和减法"中异分母分数加减法算理的理解和算法的掌握积累丰富的经验，是分数四则运算的基石；"分数的简单应用"是对单位"1"代表多个物体的理解及求一个数的几分之几的简单实际应用，同时也为六年级上册学习分数乘、除法奠定基础。

苏教版三年级上册"分数的初步认识（一）"这一部分的学习是在学生已经掌握了万以内整数知识的基础上进行教学的，从整数到分数是数的概念的一次扩充，在平均分的过程中往往不能正好得到整数的结果，这时也常用分数来表示。学生在生活中已有这样的经验，只是不会用分数来表示罢了。把抽象的分数与直观的实物相关联，体现出分数的本质，感知整体与部分的关系，是学生认识数的概念的一次质的飞跃（表1–1）。

表1–1 小学阶段分数知识结构图

年级	上／下册	单元	主要内容
三年级	上册	第7单元 分数的初步认识（一）	认识一个物体或一个图形的几分之一和几分之几
			比较两个几分之一或两个同分母分数的大小
			简单的同分母分数的加、减法
三年级	下册	第7单元 分数的初步认识（二）	认识由几个物体组成一个整体的几分之一和几分之几

分数的意义

年级	上／下册	单元	主要内容
三年级	下册	第7单元 分数的初步认识 （二）	求一个数的几分之一或几分之几是多少的简单实际问题
五年级	下册	第4单元 分数的意义和性质	分数的意义；分数的基本性质
			真分数、假分数；假分数化成整数或带分数
			分数与小数互化
			约分、通分和分数的大小比较
五年级	下册	第5单元 分数加法和减法	异分母分数加、减法
			分数加减混合运算
六年级	上册	第2单元 分数乘法	分数与整数相乘、分数与分数相乘、分数连乘
			求一个数的几分之几是多少的实际问题、分数连乘的实际问题
			认识倒数
六年级	上册	第3单元 分数除法	分数除法的计算
			简单的分数除法的实际问题
			分数连除和乘除混合运算
			比的意义和基本性质
			按比例分配的实际问题
六年级	上册	第5单元 分数四则混合运算	分数四则混合运算
			稍复杂的分数乘法实际问题
六年级	下册	第4单元 比例	图形的放大与缩小
			比例的意义和基本性质；解比例
			比例尺的意义及应用
六年级	下册	第6单元 正比例和反比例	正比例意义和图像
			反比例的意义

　　"分数的意义与性质"这一单元，苏教版教材编写内容包括分数的意义、分数单位、分数与除法的关系、求一个数是另一个数的几分之几、真分数与假分数、真分数与带分数及整数的互化、分数与小数的互化、分数的基本性质、约分与通分等。本单元看似内容众多且互不相关，其实不然，每一节课的教学内容都暗含着对"分数的意义"理解的完善。前3课时，都是对分数意义理解的教学，重点强调的是分数的"比率"意义；

教学"真分数和假分数"时，许多教师会把核心元素定位为根据分子、分母关系对分数进行分类，其实不然，本节课借助认识假分数引导学生理解假分数也是由几个分数单位累加而成的，这是分数的"度量"意义，促使学生进一步拓宽对于分数意义的理解；再如教学"分数的基本性质"时，教师从分数的意义出发思考，引导学生发现平均分的份数和表示的份数存在相同的倍数关系时，它们的分数值是相等的。虽然本单元课时较多，但都与"分数的意义"概念建构有着密切关系，本单元的核心元素就是"分数的意义"。据此，我们在教学这一单元时，着力以"分数的意义"为核心展开，增强单元知识的结构迁移力和整体生长力，促进学生自主建构单元网络知识结构（图1-8）。

图 1-8

第三节　数学单元中的分数

一、有关分数的单元内容课程标准变化与说明

（一）《义务教育数学课程标准（2011年版）》中关于"分数的意义"的描述

《义务教育数学课程标准（2011年版）》在"学段目标"和"课程内容"两个方面，对分数的学习做出了说明。（表1-2）

表 1-2 《义务教育数学课程标准（2011 年版）》
对第二学段（4~6 年级）"分数的意义"的要求

学段目标	知识技能	1. 理解分数的意义。 2. 掌握必要的运算技能。
	数学思考	1. 初步形成数感和空间观念，感受符号和几何直观的作用。 2. 在观察、实验、猜想、验证等活动中，发展合情推理能力，能进行有条理的思考，能比较清楚地表达自己的思考过程与结果。 3. 会独立思考，体会一些数学的基本思想。
	问题解决	1. 尝试从日常生活中发现并提出简单的数学问题，并运用一些知识加以解决。 2. 经历与他人合作交流解决问题的过程，尝试解释自己的思考过程。 3. 能回顾解决问题的过程，初步判断结果的合理性。
	情感态度	1. 愿意了解社会生活中与数学相关的信息，主动参与数学学习活动。 2. 在他人的鼓励和引导下，体验克服困难、解决问题的过程，相信自己能够学好数学。 3. 在运用数学知识和方法解决问题的过程中，认识数学的价值。 4. 初步养成乐于思考、勇于质疑、言必有据等良好品质。
课程内容	数的认识	1. 结合具体情境，理解分数的意义，会进行小数、分数和百分数的转化（不包括将循环小数转化为分数）。 2. 能比较分数的大小。
	数的运算	1. 能分别进行简单的小数和分数（不含带分数）的加、减、乘、除运算及混合运算（以两步为主，不超过三步）。 2. 能解决分数的简单实际问题。

（二）《义务教育数学课程标准（2022 年版）》中关于"分数的意义"的描述

《义务教育数学课程标准（2022 年版）》同样也在"学段目标"和"课程内容"两个方面，对"分数的意义"内容作出了说明（表 1-3）。为了增强"课程内容"的指导性，针对"内容要求"又新增了"学业要求"和"教学提示"两项内容。

表1-3　《义务教育数学课程标准（2022年版）》
对第三学段（5~6年级）"分数的意义"的要求

学段目标	理解分数的意义；能进行分数的四则运算，探索数运算的一致性；形成符号意识、运算能力、推理意识。应用数学和其他学科知识与方法解决问题，积累数学活动经验，形成数感、量感、模型意识、应用意识和创新意识。	
	尝试在真实的情境中发现和提出问题，探索运用基本的数量关系，以及几何直观、逻辑推理和其他学科的知识、方法分析与解决问题，形成模型意识和初步的应用意识、创新意识。	
	对数学具有好奇心和求知欲，主动参与数学学习活动。在解决问题的过程中，体验成功的乐趣，相信自己能够学好数学，感受数学的价值，体验并欣赏数学美。初步养成认真勤奋、独立思考、合作交流、反思质疑的习惯。	
课程内容	内容要求	数与运算	1. 结合具体情境探索并理解分数的意义，感悟计数单位；会进行小数、分数的转化，进一步发展数感和符号意识。 2. 能进行简单的分数四则运算和混合运算，感悟运算的一致性，发展运算能力和推理意识。
	学业要求	数与运算	1. 能用直观的方式表示分数，能比较两个分数的大小；会进行小数和分数的转化（不包括将循环小数转化成分数）。能在实际情境中运用分数解决问题，进一步发展符号意识和数感。 2. 能进行简单分数的四则运算和混合运算（不超过三步），并说明运算过程。能在较复杂的真实情境中，选择恰当的运算方法解决问题，形成运算能力和推理意识。
	教学提示		1. 数与运算的教学。通过整数的运算，感悟整数的性质；通过整数、小数、分数的运算，进一步感悟计数单位在运算中的作用，感悟运算的一致性。 2. 在初步认识分数的基础上，引导学生在具体情境中，理解分数的意义，感悟计数单位。 3. 数的运算教学应注重对整数、小数和分数四则运算的统筹，让学生进一步感悟运算的一致性。例如，在分数加减运算的过程中，引导学生理解通分的目的是得到同样计数单位，进一步理解计数单位对分数表达的重要性，理解整数、分数、小数的加减运算都要在相同计数单位下进行，感悟加减运算的一致性。 4. 数量关系的教学。估算教学要借助真实情境，引导学生在选择合适单位估算的基础上，感悟选择合适的方法估算的重要性，提高解决问题的能力，发展初步的应用意识。

（三）两版课标在有关"分数的意义"内容方面的差异

1. 从知识驱动到能力培养

《义务教育数学课程标准（2011年版）》将"分数的意义"安排在第二学段（4~6年级），关注分数意义的理解与运算技能的培养，学段目标较为直接和具体。《义务教育数学课程标准（2022年版）》则将"分数的意义"纳入第三学段，不仅提高了对分数意义理解的要求，还明确了对分数四则运算的探索，尤其多次提到了对"运算一致性"的理解，除了知识技能方面的培养要求，也注重对学生符号意识、运算能力、推理意识等数学素养的培育。这种变化体现了当今的数学教学更关注对学生思维能力的培养，集中体现了数学课程的育人价值。

2. 从细致化到结构化

从学段目标上来看，《义务教育数学课程标准（2011年版）》的学段目标分为"知识技能""数学思考""问题解决""情感态度"四个方面，从不同的方面对"分数的意义"作了细致的要求。《义务教育数学课程标准（2022年版）》"分数的意义"学段目标不再划分得如此细致，而是融合为一个整体，虽然也是逐条描述，但是每一条都包括知识、能力、情感、素养等各方面的要求，结构性更强。课程内容也将原先的"数的认识""数的运算"融合为"数与运算"，"数"与"运算"相伴而生，计数产生了数，为了更快地计数产生了加法和乘法等运算，不同的运算又产生了新的数，如此一来，融合后"数与运算"的主题更体现数概念的一致性。"学业要求"是新增的内容，但也同"内容要求"一样，重点围绕"数与运算"展开说明。要求学生能用直观方式表示分数、进行小数与分数的转化，并在不同情境中灵活选择运算方法来解决问题。

3. 从知识要求到实践指导

《义务教育数学课程标准（2011年版）》仅从"学段目标"和"课程内容"对教学作出要求，而《义务教育数学课程标准（2022年版）》新增"教学提示"，并给予了更为全面和具体的实践指导，强调通过整数、小数、分数的运算来感悟运算的一致性和计数单位的重要性，有助于学生在更广阔的数学视野中理解分数的意义。正是因为《义务教育数学课程标准（2022 年版）》新增了"教学提示"内容，也表明新课标更加注重数学知识的应用性，创设真实的情境，在实际情境中运用分数解决问题的能力，在解决实际问题的过程中体验分数学习的价值，贴近学生的实际生活与未来需求。这样情境化的教学方式有助于激发学生的学习兴趣和动力，促进他们形成良好的数学学习习惯和品质。

二、课程标准要求的变化对教学的启示

与《义务教育数学课程标准（2011 年版）》相比，《义务教育数学课程标准（2022 年版）》在继承原有框架结构的基础上，也进行了诸多关键性调整与优化，更加突出数学课程育人的核心理念，主要围绕"核心素养"在课程目标、课程内容和教学建议等方面都做了调整。这样的变化趋势不仅为教育领域注入了新的活力，也为我们的日常教学实践指明了新的方向。在实际教学中，要把握关键内容，讲究策略和方法。以促进核心素养在课堂教学中的落地实施，以下是新课标变化对今后教学实践的几点重要启示。

（一）基于结构化教学，实现整体性认知

为实现核心素养导向的教学目标，要整体把握教学内容之间的关联，重视对教学内容的整体分析，帮助学生建立能体现数学学科本质、对未来学习有支撑意义的结构化的数学知识体系。《义务教育数学课程标准（2022 年版）》改变了过去过于注重以课时为单位的教学设计，推进单元整体教学设计。"分数的意义"作为"数与代数"领域的核心概念之一，其教学不再仅仅局限于单个课时的传授，而是融入一个更为广阔、连贯的知识体系中。

出示 4 个桃，先圈一圈这 4 个桃，然后逐步变为圈一盘子的桃，让学生初步感知到"1 盘桃"是相对于盘中的每一个桃的"整体"，自然引发学生从数学的角度观察桃的数量，经历了"4 个桃"到"1 盘桃"的整体认知的思维转变，理解了每个桃占这盘桃的 $\frac{1}{4}$（图 1-9）。这样的教学

设计从学生原有的认知经验出发，引发学生直观感知"部分与整体"的数学概念本质，顺势激活学生的认知经验，自然重建学生新的认知思维，继而促进学生整体认知思维的自然形成和分数意义的自然建构。引导学生认识到分数是整数概念的延伸和拓展。在整数基础上引入分数，不仅丰富了数的表达形式，更深刻地揭示了数之间的内在联系。

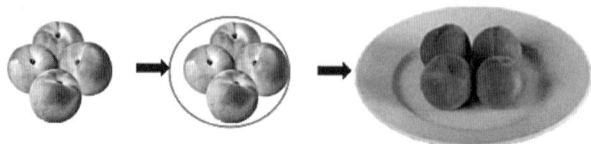

图 1-9

（二）基于一致性原则，深化对分数意义的理解

在深化分数意义的理解过程中，一致性尤为重要。分数作为数与代数领域中的关键内容，应当建立与整数、小数之间的联系，体会数概念间的整体一致性。《义务教育数学课程标准（2022 年版）》多次在与分数有关的要求中提到"一致性"，如"在认识整数的基础上，认识小数和分数。通过数的认识和数的运算有机结合，感悟计数单位的意义，了解运算的一致性。"

"数的运算教学应注重对整数、小数和分数四则运算的统筹，让学生进一步感悟运算的一致性。例如，在分数加减运算的过程中，引导学生理解通分的目的是得到同样计数单位，进一步理解计数单位对分数表达的重要性，理解整数、分数、小数的加减运算都要在相同计数单位下进行，感悟加减运算的一致性。"

"在理解整数、小数、分数意义的同时，理解整数、小数、分数基于计数单位表达的一致性。"

从课标中对分数的要求可以看出一致性主要指运算的一致性，而运算的一致性集中体现在计数单位的一致性。教师在教学"分数的意义"时，为加深对分数单位的理解，适时提出关键性问题"当分子为 1 时，与其他分母一样的分数有什么联系？"学生可以通过动手操作，将分数的意义与分数单位进行联结，从而体会"几分之一"其实就是分母确定后的一个"分数单位"，这个单位就像以前学过的整数、小数的计数单位一样，有几个这样的分数单位就能得到几分之几。从这个"分数单位"出发，能写出无数个不同的分数，并进一步理解分数单位产生的必要性，从而建立起分数单位、小数单位、整数单位的内在联系，学生从计数单位的角度掌握分数的意义就水到渠成了。

（三）基于核心概念，发展学生的数学素养

小学数学的核心概念反映了数学学科的基本问题，它可以整合学科内的多个内容或者迁移解决多个问题。核心概念居于一组内容或者概念群的中心位置，围绕核心概念的内容分布在一个单元、连续单元或者不同年段的几个单元之中，核心概念都发挥着统摄全局的作用。通过系统学习，学生不仅能够掌握核心概念本身，更能构建起对数学知识体系内在逻辑与联系的深刻理解。

分数的教学是从"够分与不够分"开始的，当"不够分"时就产生了分数，但是不够分的对象为单位"1"，是学生理解分数意义的核心概念也是理解的难点。因此，怎样让学生理解好单位"1"，是本课的教学重点。在教学时，对单位"1"的认识也是分了几个层次进行教学设计，第一次，从"几个桃"到"一盘桃"，先从平均分 4 个桃、2 个桃、1 个桃开始，接着出示 4 盘桃、2 盘桃、1 盘桃，学生经历从按桃的个数均分到按桃的盘数均分，实现了从"数"到"量"的质变；第二次，从"一盘桃"到"这盘桃"，一盘放 4 个桃，一盘放 8 个桃……同样是 1 盘桃，被平均分成 4 份，为什么 $\frac{1}{4}$ 表示的桃的个数不一样？放 4 个桃的盘子相对于放 8 个桃的盘子是不是叫作半盘桃，这时需要引导学生以"整体"认知的视角，从"一盘"向"这盘"的思维转换。这盘桃（一盘放 4 个桃）是那盘桃（一盘放 8 个桃）的 $\frac{1}{2}$，初步感知分数意义中单位"1"的对应性；第三次，从"一盘桃"到"一些物体"，"不管盘子里放了 4 个桃、6 个桃或 8 个桃，只要将其平均分成 2 份，每份就是这盘桃的 $\frac{1}{2}$"，但仍然会有学生根据

盘子里桃的个数用分数表示为 $\frac{2}{4}$、$\frac{4}{8}$ 等，这时需要引导学生从"分盘子"的情境向"分一些物体"的情境拓展，直至学生顺利概括出"把一些物体平均分成几份，每份就是这些物体的几分之一"的分数的意义。第四次，让学生自己创造单位"1"，设计不同的分法，并创造出相应的分数来表示每份的数量。加深学生对单位"1"的理解。经过这样四次对单位"1"的认识，学生不仅掌握了单位"1"这一核心概念，还通过实际操作和创造活动，将单位"1"与分数的意义紧密联系起来。更重要的是基于对单位"1"的学习，培养了学生的数学素养，学生学会了用数学的眼光观察世界，用数学的思维分析问题，用数学的语言表达思想。

第四节 "分数的意义"一课版本对比分析

一、宏观：四个版本中与"分数的意义"有关的单元知识结构分析

不同版本间的教材比较对于提高教材质量，推动教材发展有着重要意义，通过对比不同版本的教材，我们能够更加全面、深刻地理解教材编写者的设计理念、知识架构及呈现方式，进而在实际教学中精准把握核心知识点与重难点。这样的比较有助于我们更加深入地了解教材、明确知识重难点，从而提高运用教材的能力。因此，教材比较不仅是教材建设过程中的重要环节，更是提升教育质量、推动教育进步不可或缺的动力源泉。

为了跳出单一教材的局限，融合各家所长，探索更加高效、符合学生认知规律的教学实践之路。我们也应该对比不同版本教材中的"分数的意义"，将与"分数的意义"有关的单元知识统整在一起，从整体关联的视角去分析"分数的意义"在小学阶段所占的地位与作用，为此特选取苏教版（2014 年版）、人教版（2023 年版）、北师大版（2014 年版）和沪教版（2017 年版）进行了宏观、中观和微观的对比分析（表 1–4）。

表1-4 四个版本教材与"分数的意义"相关的单元知识内容

年级\版本	一上	一下	二上	二下	三上	三下	四上	四下	五上	五下	六上	六下
苏教版	1.数一数 2.认识10以内的数 3.分与合 4.10以内的加法和减法 5.认识11-20各数 6.20以内的进位加法	1.20以内的退位减法 2.认识100以内的数 3.100以内的加法和减法(一) 4.100以内的加法和减法(二)	1.100以内的加法和减法(三) 2.表内乘法(一) 3.表内乘法(二) 4.表内除法(一)	1.有余数的除法 2.认识万以内的数 3.两、三位数的加法和减法	1.两、三位数乘一位数 2.两、三位数除以一位数 3.分数的初步认识(一)	1.两位数乘两位数 2.混合运算 3.分数的初步认识(二) 4.小数的初步认识	1.两、三位数除以两位数整数四则混合运算	1.认识多位数 2.三位数乘两位数 3.亿有多大 4.运算律	1.负数的初步认识 2.小数的意义和性质 3.小数加法和减法 4.小数乘法和除法 5.用字母表示数	1.简易方程 2.因数与倍数 3.分数的意义和性质 4.分数加减法	1.分数乘法 2.分数除法 3.分数四则混合运算 4.百分数	1.比例 2.正比例和反比例
人教版	1.1~5的认识和加减法 2.6~10的认识和加减法 3.11~20各数的认识 4.20以内的进位加法	1.100以内数的认识 2.100以内的加法和减法(一)	1.100以内的加法和减法(二) 2.表内乘法(一) 3.表内乘法(二)	1.表内除法(一) 2.表内除法(二) 3.混合运算 4.有余数的除法 5.万以内数的认识	1.万以内的加法和减法(一) 2.万以内的加法和减法(二) 3.倍的认识 4.多位数乘一位数 5.分数的初步认识	1.除数是一位数的除法 2.两位数乘两位数 3.小数的初步认识	1.大数的认识 2.1亿有多大 3.三位数乘两位数 4.除数是两位数的除法	1.四则运算 2.运算律 3.小数的意义和性质 4.小数的加法和减法	1.小数乘法 2.小数除法 3.简易方程	1.因数和倍数 2.分数的意义和性质 3.分数的加法和减法	1.分数乘法 2.分数除法 3.比 4.百分数(一)	1.负数 2.百分数(二) 3.比例
北师大版	1.生活中的数 2.加与减(一) 3.加与减(二)	1.加与减(一) 2.生活中的数 3.加与减(二) 4.加与减(三)	1.加与减 2.数一数与乘法 3.2-5的乘法口诀 4.分一分与除法 5.6-9的乘法口诀	1.除法 2.生活中的大数 3.加与减	1.混合运算 2.加与减 3.乘与除 4.除法 5.认识小数	1.除法 2.乘法 3.认识分数	1.认识更大的数 2.乘法 3.运算律 4.除法 5.生活中的负数	1.小数的意义和加减法 2.小数乘法 3.认识方程	1.小数除法 2.倍数与因数 3.分数的意义	1.分数加减法 2.分数乘法 3.分数除法 4.用方程解决问题	1.分数混合运算 2.百分数 3.比的认识 4.百分数的应用	1.比例 2.正比例和反比例
沪教版	1.10以内的数 2.10以内数的加减法 3.20以内数的认识及其加减法	1.100以内数的加减法 2.100以内数的加减法(二)	1.乘法、除法(一) 2.乘法、除法(二)	1.千以内数的认识与加减法 2.三位数的加减法	1.用一位数乘 2.用一位数除	1.用两位数乘除 2.分数的初步认识(一)	1.数与量 2.分数的初步认识(二) 3.整数的四则运算	1.小数的认识与加减法	1.小数的乘除法 2.简易方程(一)	1.正数和负数的初步认识 2.简易方程(二)	1.数的整除 2.分数 3.比和比例	1.有理数 2.一次方程(组)和不等式(组)

　　"分数的意义"属于"数与代数"领域，从四个版本教材与"分数的意义"相关的单元知识内容来看，分数的意义与整数、小数联系密切，四个版本的教材均是从整数的认识开始学起，整数是数学学习的基础，通过最先学习整数培养了学生的数感和运算能力。在学习整数的过程中，学生需要掌握整数的加、减、乘、除法等基本运算，这些运算技能是后续学习小数、分数等所必需的。先学整数有助于学生建立起对数的顺序、大小、奇偶性等基本性质的认识，从而培养数感。先学习整数，再学习小数或分数，各版本的编排顺序不一。

　　苏教版在学习整数之后的三上、三下两次安排初步认识分数，在三下认识小数，五上学习小数的运算和意义，五下学习分数的意义和加减运算，六上学习分数的乘除和四则运算。

　　人教版三上学习分数的初步认识，三下学习小数的初步认识，四下和五上分别学习小数的意义和小数的四则运算，分数的意义和四则运算的编排顺序与苏教版相同。

　　北师大版则与其他三个版本有所不同，三上先安排认识小数，三下再学习分数，四下学习小数的意义、小数加减法和乘法，五上学习小数除法和分数的意义，五下学习分数的四则运算，六上学习分数的混合运算。

　　沪教版先学习分数的初步认识，分两次安排在三下和四上，四下安排小数的认识（其中包括小数的意义）和小数的加减法，五上学习小数的乘除法，六上学习分数，包括分数的意义和分数的运算以及分数与小数的互化。

　　从四个版本的小学数学教材对"分数的意义"相关单元的安排顺序看，虽然在具体的教学顺序和年级分布上有所不同，但总体上都是安排分数与小数交叉学习，注重了分数与小数的相互关联和衔接。四个版本都选择在较早的年级（通常是三年级）开始引入对分数的初步认识，建立分数的基本概念。略有不同的是苏教版、人教版和沪教版遵循数系发展的顺序，先学习分数再学习小数，而北师大版则是遵循学生的生活经验，先认识小数再学习分数，两种编排方式都有其存在的道理，都是遵循学生的认知规律和数学学科内在逻辑的。在初步认识分数后，四个版本教材都选择继续深化对分数意义的理解，具体的学习时间安排上存在差异。其中苏教版、人教版和北师大版均将分数的意义安排在五年级学习，而沪教版则安排在六年级，这可能是地域差异造成的。最后各版本教材安排分数运算的教学，苏教版、人教版在五下学完分数的意义后紧接着学习分数的加减，分数的乘除安排在六上学习；北师大版在五上先学完分数的意义，再将分数的四则运算安排在五下全部完成，不同的是，北师大版单独安排了一单元的分数的混合运算；沪教版则是将分数的意义和分数的运算均安排在六上同一个单元进行学习，联系更为紧密。

二、中观：四个版本中"分数的意义"单元知识结构分析

中观层面指概念及其关联形成单元知识，是介于宏观课程与微观课时之间所展开的中观教学，向上可以较好地兼顾课程整体目标和知识结构，向下可以合理协调课时之间的教学逻辑。主题单元课时知识之间纵向连贯，课时与课时之间具有紧密的逻辑关联，每一个课时都服务于单元教学目标。"分数的意义"一课是学生在三年级两次认识分数的基础上深入学习的，四个版本教材中"分数的意义"单元内容的知识结构安排如表 1–5 所示。

表 1–5　四个版本教材"分数的意义"单元知识内容安排

课时＼版本	苏教版	人教版	北师大版	沪教版
单元名	分数的意义和性质	分数的意义和性质	分数的意义	分数
第一课时	例 1：分数的意义和分数单位	分数的意义	分数的再认识（一）	分数的意义和性质 1. 分数与除法 2. 分数的基本性质 3. 分数的大小比较
第二课时	例 2、例 3：分数与除法的关系	练习十一	分数的再认识（二）	
第三课时	例 4：求一个数是另一个数的几分之几	分数与除法	分饼	

分数的意义

版本 课时	苏教版	人教版	北师大版	沪教版
第四课时	练习八	练习十二	分数与除法	分数的运算 1. 分数的加减法 2. 分数的乘法 3. 分数的除法 4. 分数与小数的互化
第五课时	例5、例6: 真分数与假分数	真分数和假分数	分数的基本性质	
第六课时	例7、例8: 把假分数转化成整数或带分数	练习十三	练习六	
第七课时	例9、例10: 分数与小数的互化	分数的基本性质	找最大公因数	
第八课时	练习九	练习十四	约分	拓展无限循环小数与分数的互化 1. 分数、小数的四则混合运算 2. 分数运算的应用
第九课时	例11、例12: 分数的基本性质	约分	找最小公倍数	
第十课时	例13: 约分	练习十五	分数的大小	–
第十一课时	练习十	练习十六	练习七	–
第十二课时	例14、例15: 通分、分数的大小比较	通分	–	–
第十三课时	练习十一	练习十七	–	–
第十四课时	整理与练习	练习十八	–	–
第十五课时	–	分数和小数的互化	–	–
第十六课时	–	练习十九	–	–
第十七课时	–	整理与复习	–	–
第十八课时	–	练习二十	–	–
总课时量	14	18	11	9

备注: 课时量是根据教材内容编排出的, 和实际教学课时可能会有误差。

苏教版、人教版和北师大版均不约而同地将"分数的意义"涵盖在单元标题内，体现了"分数的意义"在本单元的核心地位和重要价值。沪教版以较为宽泛的《分数》为单元名，不仅包括"分数的意义"这一重要内容，还巧妙地将分数的运算以及分数与小数之间的联系融入其中，形成了一个系统而全面的教学体系，展现了新课标的教学理念，即将数与数、数与运算紧密地联系在一起，构建了一个完整的知识结构。苏教版、人教版和沪教版也都在单元内容中安排了分数与小数的互化，四个版本均安排了"分数与除法"，有助于学生深入理解分数的本质，在掌握分数意义的基础上，自然而然地过渡到分数的运算以及与其他数系（如小数）的转换上，实现知识的融会贯通。

苏教版教材在《分数的意义和性质》单元中，从分数的意义出发，逐步深入到分数与除法的关系、真分数与假分数、假分数转化为整数或带分数等，内容安排逻辑清晰、层层递进。还安排了专门的课时学习分数与小数的互化，建立分数与小数之间的联系。

人教版教材同样以《分数的意义和性质》为单元名，内容编排基本与苏教版一致，但人教版在课时安排上是最多的，这是因为人教版每学完一节有关分数的新课，都会安排一节相应的练习课进行复习巩固，分数的知识比较复杂，学习理解起来有一定的困难，这种"学习—复习"的模式有助于学生形成稳固的知识基础。

北师大版教材在"分数的意义"单元中，以"分数的意义"为核心，通过"分数的再认识"两课时的学习，逐步深化对分数概念和意义的埋解。注重联系"分饼"等生活实例，将分数的概念与现实生活紧密联系起来，增强应用意识。

沪教版教材以《分数》为单元名，沪教版在这一单元课时安排上只有9课时，是人教版课时量的一半，但它不仅涵盖了分数的意义、性质等基础知识，还涉及了分数的运算以及分数与小数之间的联系等，形成了一个较为系统的知识体系。

总的来说，苏教版、人教版、北师大版和沪教版教材在分数单元的教学上均体现了对"分数的意义"这一核心内容的重视，苏教版和人教版内容安排较为细化，层层递进；北师大版课题为"分数的再认识"，与分数的初步认识联系紧密，又注重结合生活实际；沪教版课时虽少，但内容涵盖全面。四个版本教材在这一单元的教学上各有特色，通过不同的编排方式和课时安排，共同构建了一个全面而深入的知识体系。注重了学生对分数概念、意义及性质的理解和应用。

三、微观：四个版本中"分数的意义"课时知识结构分析

表1-6 分数的意义在四个版本教材中的表述

版本	苏教版	人教版
位置	五年级下册	五年级下册
教材内容编排		

版本	苏教版	人教版
教材内容编排		
教材内容说明	1. 关联旧知，感受被平均分的对象是广泛的。 2. 由具体到抽象，从自然数"1"过渡到分数。 3. 回归具体数据，指向单位"1"。 4. 提取共同特征，概括分数意义。	1. 由分数的产生、分数的意义等内容组成，帮助学生比较完整地建立起分数的概念。 2. 从历史的角度、从现实生活中等分量的需要出发，呈现分数的现实来源，让学生了解分数产生的背景和过程。 3. 举例说明分数的含义，注意结合实例理解、归纳分数的意义。

分数的意义

版本	北师大版	沪教版
位置	五年级上册	六年级上册

教材内容编排

北师大版（五年级上册）

五　分数的意义

分数的再认识（一）

● $\frac{3}{4}$ 可以表示什么？举例说一说。

把一张纸平均分成4份……

画了4个三角形，其中3个

圈起来的贝壳占总数的 $\frac{3}{4}$

> 把一个整体平均分成若干份，其中的一份或几份，可以用分数表示。

● 一个图形的 $\frac{1}{4}$ 是▦，画出这个图形。

淘气的画法　笑笑的画法　奇思的画法

三个图形的形状都不相同，行吗？

形状虽然不同，但都是由8个▦组成的。

● 看一看，想一想，与同伴交流。

拿出你所有铅笔的 $\frac{1}{2}$。

拿出的铅笔数为什么会不一样多呢？

拿出的不一样，为什么都是 $\frac{1}{2}$ 呢？

63

练一练

1. $\frac{1}{3}$ 可以表示什么？举例说一说，画一画。

2. 选一选，在 ☐ 里画 "✓"。

(1) 一根圆棒的 $\frac{1}{3}$ 是 ☐，这根圆棒是下面三根中的哪一根？

(2) 一个圆的 $\frac{1}{4}$ 是 ☐，这个圆的 $\frac{3}{4}$ 是下列图形中的哪一个？

3. 圈一圈、填一填，再说一说。

这些草莓的 $\frac{2}{3}$ 是（ ）个。

这些草莓的 $\frac{2}{3}$ 是（ ）个。

这些草莓的 $\frac{2}{3}$ 是（ ）个。

4. 和同伴说一说下面每个分数表示的意义。

(1) 一张报纸的 $\frac{1}{4}$ 版面用于广告宣传。

(2) 我们班有 $\frac{1}{4}$ 的男生喜欢打篮球。

(3) 有专家指出，取消塑料袋有偿供应，全国塑料袋使用量可减少 $\frac{2}{3}$。

5. 为帮助灾区人民，奇思捐献了零花钱的 $\frac{1}{5}$，妙想捐献了零花钱的 $\frac{3}{5}$，妙想捐的钱一定比奇思的多吗？请说明理由。

64

沪教版（六年级上册）

2 第1节　分数的意义和性质

2.1　分数与除法

我们已经知道，把一个总体平均分成若干份之后，其中的1份或若干份可以用分数表示。

例如，把一个蛋糕看成一个总体，将它平均分成8份，其中的1份蛋糕可以用 $\frac{1}{8}$ 表示。小杰、小明和小丽每人各吃了1份，共吃了8份中的3份，即三人共吃了蛋糕的 $\frac{3}{8}$，还剩下5份，就是原蛋糕的 $\frac{5}{8}$。

一纸盒中装有16块大小相同的蛋糕，将它们看成一个总体，以2块为1份，平均分成8份，每份就是这盒蛋糕的 $\frac{1}{8}$。

观察

如图①，将1个橙子平均分给4个人，就是将1个橙子平均分成4份，按照除法的意义就是 $1 \div 4$，每人分得4份橙子中的1份，表示1份的数就是分数 $\frac{1}{4}$（图①）。

图①　　图②

28

分数

将2个（大小相同）的橙子平均分给4个人，用除法表示就是 $2 \div 4$（图②）。将1个橙子平均分给4个人，每人得橙子的 $\frac{1}{4}$，将2个橙子平均分给4个人，每人从2个橙子中各分 $\frac{1}{4}$，所以每人分得2个 $\frac{1}{4}$（图③），每人分得的是1个橙子的 $\frac{2}{4}$（图③）。

图③　　图④　　图⑤

将 $\frac{1}{4}$ 看作 $1 \div 4$ 的结果，$\frac{2}{4}$ 看作 $2 \div 4$ 的结果，可以写成 $1 \div 4 = \frac{1}{4}$，$2 \div 4 = \frac{2}{4}$。

概括

两个正整数 p,q 相除，可以用分数（fraction）$\frac{p}{q}$ 表示。

即 $p \div q = \frac{p}{q}$，其中 p 为分子，q 为分母。

被除数÷除数 = $\frac{被除数}{除数}$

$\frac{p}{q}$ 读作 q 分之 p。

$3 \div 1 = \frac{3}{1} = 3$

$5 \div 1 = \frac{5}{1} = 5$

特别地，当 $q=1$ 时，$\frac{p}{q} = p$。

思考

1. 一个橙子的 $\frac{1}{4}$ 和两个橙子的 $\frac{1}{4}$ 是否相等？为什么？

29

版本	北师大版	沪教版
教材内容编排	**分数的再认识（二）** ● 用附页3中图1的纸条，量一量数学书的长和宽各是多少。 "用纸条量数学书的宽，正好3次量完。" "用纸条量数学书的长，量了4次，剩下的怎么办？" ● 你能帮淘气继续量下去吗？看一看，再用附页3中图1的纸条量一量。 "纸条对折去量，还是不能正好量完。""再对折，这部分的长度是纸条长度的 $\frac{1}{4}$ 差不多。" ● 下面是一个"分数墙"，填一填，想一想，你发现了什么？ 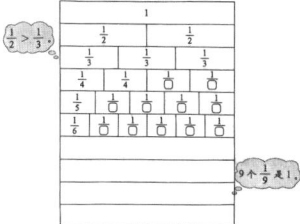 "9个 $\frac{1}{9}$ 是1。" ● 认一认。 像 $\frac{1}{2}$，$\frac{1}{3}$，$\frac{1}{4}$，$\frac{1}{5}$，$\frac{1}{6}$，…这样的分数叫作分数单位。 65 **练一练** 1. 制作一张纸条，以它为单位测量教室中某些物品的长度。测量前先估计，再记录实际测量的结果并与同伴交流。 （物品／估计长度／实际长度／作业本） 2. (1) 10 cm =（ ）dm　1 cm 是 1 dm 的 $\frac{(\ )}{(\ )}$　3 cm 是 1 dm 的 $\frac{(\ )}{(\ )}$ (2) 1 元 ≈（ ）角　1 角是 1 元的 $\frac{(\ )}{(\ )}$　7 角是 1 元的 $\frac{(\ )}{(\ )}$ 3. 观察下图中的分数，在括号里填上适当的数。 (1) 3个 $\frac{1}{10}$ 是（ ），$\frac{7}{10}$ 里有（ ）个 $\frac{1}{10}$，（ ）个 $\frac{1}{10}$ 是1。 (2) 在这些分数中，最接近0的是（ ），最接近1的是（ ）。 4. 下列哪些分数更接近0，哪些分数更接近1？分别填入圈内，并尝试说明理由。 $\frac{1}{5}$　$\frac{4}{5}$　$\frac{6}{7}$　$\frac{1}{8}$　$\frac{2}{9}$ 接近0　　接近1 66	 2. 分数是否可以用数轴上的点来表示？ 如图，得数轴上的单位长度5等分，从0开始向右有前3个分点和第7个分点分别表示分数 $\frac{3}{5}$ 和 $\frac{7}{5}$。 **练习2.1** ① 如果把下列各图形的总体用1表示，那么能否用分数表示下列各图形中的涂色部分？ ② 下图中，蓝色轿车占全部轿车的几分之几？ 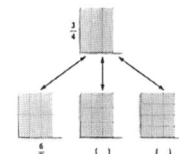 ③ 用分数表示下列除法的商： (1) 3÷7　(2) 2÷9　(3) 7÷8 (4) 5÷12　(5) 31÷5　(6) 8÷2。 30 分 数 ④ 把下列分数写成两个数相除的式子。 (1) $\frac{4}{5}$　(2) $\frac{1}{3}$　(3) $\frac{4}{7}$ (4) $\frac{3}{1}$　(5) $\frac{13}{22}$　(6) $\frac{1}{10}$ ⑤ 写出由数轴上点A、点B、点C表示的分数。 **2.2 分数的基本性质** **观察** 一张涂色的纸，涂色部分占这张纸的 $\frac{3}{4}$。 小明、小亮、小丽分别用这样的纸折成不同等分的图案，你能发现什么结论呢？ $\frac{3}{4}$ 在这些大小相同、不同等分的纸中，涂色部分分别占纸的几分之几？这些分数有什么关系？ 这些分数的大小是相等的。$\frac{3}{4} = \frac{6}{8} = \frac{9}{12} = \frac{12}{16}$ 31
教材内容说明	1. 分为分数的再认识（一）和分数的再认识（二）。 2. 通过问题"四分之一可以表示什么？"引导学生整理回顾。 3. 通过问题，从逆向的角度促进学生对分数意义的理解。	1. 回顾旧知，感受分数的份数定义。 2. 实践操作，感受分数与除法的关系。 3. 结合具体实例，概括分数商的定义。

表1-6中四个版本教材"分数的意义"的课时内容,有如下相同点:

强调从具体到抽象的过程:通过具体实例引入分数的概念,包括日常生活中等分物体的场景、图形分割等,帮助学生将抽象的分数概念与具体的生活情境相联系,逐步从具体直观过渡到对分数概念的抽象理解。

注重实践操作与体验:教材中设置了多个让学生动手操作、亲身体验的环节,如通过分物体、画图形等方式来感受分数的产生和意义。

关注知识的连贯性:教材编排时考虑到知识的连贯性,在三年级学生已经初步认识过分数,在本节课通过回顾旧知、引入新知、巩固练习等环节,帮助学生建立起较为完整的分数知识体系。

深化对分数意义的理解:不仅要求学生掌握分数的表示方法,更要理解分数所代表的"部分与整体"的关系,以及分数在不同情境下的具体含义,层层递进,最终概括出分数的意义,深化理解。

综上所述,四个版本教材在"分数的意义"课时内容上具有一定的相似性和共通之处,都体现了从具体到抽象的过程、注重实践体验、知识的连贯性和意义理解的教育理念。

"分数的意义"一课有两个重要的知识点:一是单位"1"的概念;二是分数单位的概念。针对这两个关键概念,四个版本的教材各有侧重点,下面将根据教材版本的具体编排,进行比较分析。

（一）单位"1"

表1-7 四个版本教材单位"1"的引入

教材版本	内容	分析
苏教版	①用分数表示各图中的涂色部分,并说说每个分数的含义。 一个物体、一个计量单位或由许多物体组成的一个整体,都可以用自然数1来表示,通常我们把它叫作单位"1"。	苏教版教材通过均分物、均分图形和长度单位,概括每个分数的含义,在多元化的表征中总结归纳出分数的意义。

教材版本	内容	分析
人教版	你能举例说明 $\frac{1}{4}$ 的含义吗？ 我们也可以把一些物体看作一个整体。 把一盒棕子看作一个整体，平均分成4份，每份就是这盒棕子的 $\frac{1}{4}$。 把一盒月饼看作一个整体，平均分成4份，3份是这盒月饼的 $\frac{3}{4}$。 一盒糖 平均分成2份，每份是这盒糖的 $\frac{1}{2}$。 平均分成3份，2份是这盒糖的 $\frac{2}{3}$。 平均分成4份，3份是这盒糖的 $\frac{3}{4}$。 平均分成6份，5份是这盒糖的 $\frac{5}{6}$。 一个物体、一个计量单位或是一些物体等都可以看作一个整体。 一个整体可以用自然数1来表示，我们通常把它叫作单位"1"。	人教版教材先是出示"一个正方形、一个圆、一条线段都可以看作单位"1"，体会同一个分数，单位"1"不同，接着以填空的形式让学生理解将一些物体看作单位"1"时，每一个具体分数的含义，配以文字描述，使得表达更为严谨，从一个物体到一些物体和一个计量单位，由此较为完整地概括出单位"1"的含义。
北师大版	$\frac{3}{4}$ 可以表示什么？举例说一说。 把一张纸平均分成4份…… 画了4个三角形，其中3个…… 围起来的骨头占总数的 $\frac{3}{4}$。 把一个整体平均分成若干份，其中的一份或几份，可以用分数表示。 一个图形的 $\frac{1}{4}$ 是 □，画出这个图形。 淘气的画法　笑笑的画法　奇思的画法 三个图形的形状都不相同，行吗？ 形状虽然不同，但都有8个□□组成…… 看一看，想一想，与同伴交流。 拿出你所有铅笔的 $\frac{1}{2}$。 拿出的铅笔数为什么会不一样呢？ 拿出的不一样，为什么还都是 $\frac{1}{2}$？	北师大版教材采用了逆向思维的方式，没有先给出准确的单位"1"，而是通过" $\frac{3}{4}$ "表示什么，引出一个物体和一些物体作为单位"1"，接着由一个图形的" $\frac{1}{4}$ "，引出形状不同，但数量相同的图形。最后拿出你所有铅笔的" $\frac{1}{2}$ "，发现" $\frac{1}{2}$ "代表的铅笔数不同。由此，虽然教材没有给出单位"1"的准确定义，但也能从教材的编排中看出北师大版教材注重培养学生的推理和概括能力。
沪教版	我们已经知道，把一个总体平均分成若干份之后，其中的1份或若干份可以用分数表示。 例如，把一个蛋糕分成一个总体，将它平均分成8份，其中的1份蛋糕可以用 $\frac{1}{8}$ 表示，小杰、小明和小丽每人吃了1份，共吃了8份中的3份，即三人共吃了蛋糕的 $\frac{3}{8}$；还剩下5份，就是原蛋糕的 $\frac{5}{8}$。 一纸盒中装有16块大小相同的蛋糕，将它们看作一个整体，以2块为1份，平均分成8份，每份就是这盒蛋糕的 $\frac{1}{8}$。	沪教版教材通过一个月饼和16块蛋糕的例子，强调由一个或多个物体构成的单位"1"，在此基础上，通过分一个橙子和两个橙子的实例，感受同一种物体中，同一个分数，单位"1"指代的不同。

　　表1-7中，尽管数学中对单位"1"的定义都一致，但四个版本对单位"1"概念的揭示各有特色，且侧重点有所不同。苏教版和沪教版通过对多个实例的多元表征归纳概括单位"1"，重在强调作为单位"1"的对象

是可变的，可以是一个物体、一些物体或者是一个计量单位；人教版和北师大版则侧重强调不同单位"1"下所表示的同一个分数，让学生体会分数相同，单位"1"的变化。

（二）分数单位的呈现

表1-8　四个版本教材对分数单位概念的呈现

教材版本	教材呈现	分析
苏教版	上面的分数分别是把单位"1"平均分成几份，表示这样的几份？ 把单位"1"平均分成若干份，表示这样的一份或几份的数，叫作分数。表示其中一份的数，叫作分数单位。 例1中每个分数的分数单位各是多少？各有几个这样的单位？	通过例1的多元化表征，给出分数中分数单位的概念。
人教版	一盒糖 平均分成2份，每份是这盒糖的 $\frac{1}{2}$ 平均分成3份，2份是这盒糖的 $\frac{2}{3}$ 平均分成4份，3份是这盒糖的 $\frac{3}{4}$ 平均分成6份，5份是这盒糖的 $\frac{5}{6}$ 一个物体、一个计量单位或是一些物体等都可以看作一个整体。一个整体可以用自然数1来表示，我们通常把它叫作单位"1"。 把单位"1"平均分成若干份，这样的一份或几份都可以用分数来表示，表示其中一份的数叫作分数单位。例如，$\frac{2}{3}$ 的分数单位是 $\frac{1}{3}$。你能说出上面其他几个分数的分数单位吗？	做一做中，同一堆糖（单位"1"）被分成不同的份数，分母也因此不同，分子也因"每份、2份、3份、5份"而产生变化，分数也就不同，数量也就不同。这时，分数的意义不同了，每份数量也会产生相应变化。并引出分数单位的定义。
北师大版	下面是一个"分数墙"，填一填、想一想，你发现了什么？ $\frac{1}{2} > \frac{1}{3}$ 9个 $\frac{1}{9}$ 是1。 认一认：像 $\frac{1}{2}$、$\frac{1}{3}$、$\frac{1}{4}$、$\frac{1}{5}$、$\frac{1}{6}$ …这样的分数叫作分数单位。	在"分数的再认识（二）"中，借分数墙非常直观地展现了单位"1"和分数单位的关系，进而解释分数单位的概念。
沪教版	概括 两个正整数p，q相除，可以用分数（fraction）$\frac{p}{q}$ 表示。 被除数÷除数 $\frac{被除数}{除数}$ 即 $p \div q = \frac{p}{q}$，其中p为分子，q为分母。 $\frac{p}{q}$ 读作q分之p。 $3 \div 1 = \frac{3}{1} = 3$ $5 \div 1 = \frac{5}{1} = 5$ 特别地，当q=1时，$\frac{p}{q} = p$。 思考 1. 一个橙子的 $\frac{1}{4}$ 和两个橙子的 $\frac{1}{8}$ 是否等同？为什么？	通过简洁的数学语言和符号直接揭示分数概念和分数单位的含义，整体较为抽象。

表1-8中，四个版本在呈现分数单位时的教材编排各有特色，但都展现了分数单位与单位"1"的关系，都注重通过不同的方式帮助学生理解分数单位的含义。苏教版、人教版采用了较为直观、具体的列举方法呈现分数单位的含义，北师大版和沪教版则更偏重用数学的方式，略过了举例的过程，直接以抽象的符号化形式呈现。不同版本教材的不同的呈现方式有助于满足不同学生的学习需求，促进他们对分数单位概念的深入理解和掌握。

四、其他：与"分数的意义"有关的其他领域内容的关联结构分析

在探讨"分数的意义"时，还需要将其置于一个更广阔的知识体系之中，即不仅要关注数学学科内部的联系，还要看到它与其他学科以及与学科外其他知识结构的关系，即"点体关系"，让课时内容更加立体、丰盈。这种跨学科的视角能够帮助学生更全面地理解分数的意义，增强学习的深度和广度。

在科学领域，分数同样有着广泛的应用。如生物学中，研究生物体的比例关系（如细胞分裂、生长速率等）时，分数是不可或缺的工具；在地理学中，分析地图比例尺、测量地形高度时也会用到分数；在统计学中，分数用于表示比例、百分比等统计指标，帮助人们分析社会现象、预测发展趋势；在经济学中，分数用于计算增长率、利润率等经济指标，为决策提供支持。这些跨学科的应用不仅展示了分数的实用性，还激发了学生探索自然奥秘的兴趣。

在生活中，分数也扮演着重要角色。如测量一根绳子的长度，可能无法用整米或整厘米来表示，这时就需要用到分数来表示。这种测量活动不仅加深了学生对分数概念的理解，还让他们意识到分数在实际生活中的应用价值。制定时间规划时，我们可以用分数来表示每个任务所占用的时间比例；在分配资源（如食物、玩具等）时，分数可以帮助我们实现公平

合理的分配。同时，房屋建筑、地图、烹饪中的食材等也涉及到比例的概念，即不同单位间的相对关系，有助于培养学生的空间想象能力和逻辑推理能力。除此之外，我们还看到了"分数的意义"与长度单位、人民币、质量单位的换算等内容之间的关系，其中包含数量的转换、整体与部分的关系，这些都是学生学习分数的基础。

综上，"分数的意义"不仅与数学学科内部的多个知识点紧密相连，还与生活中很多内容有密切的关联。通过跨学科的应用和生活经验的融入，分数的概念变得更加立体和丰盈。

第二章 学情调研

学情调研，即对学生学习情况的全面、深入、细致的调查和研究。不仅关注学生学习的知识技能，还注重学生在学习过程中表现出的学习习惯、学习方式以及情感态度等因素。结构化五学中的"学情调研"主要以问卷调查和访谈的形式进行，问卷调查法是一种常用的学情调研方法，能够一次性调查大量学生，获取相对准确的数据。在正式授课之前教师设计好与"分数的意义"有关的 2~3 个问题，对将要授课班级的学生进行问卷调查，收集整理学生作品进行分析，获得与本节课有关的真实、系统的一手资料，以确定学生的经验起点、知识起点和思维起点。访谈法则是一种深入了解学生学情的方法。通过访谈，授课教师与学生进行面对面的交流，更直接地了解学生的学习困难、学习需求等，基于学情调研来设计教学、组织学习活动，才能让学生的"学"真正深远。本章以苏教版五下"分数的意义"一课为例，具体谈谈如何在结构化教学中开展学情调研。

第一节 "分数的意义"学情问卷调查与访谈设计

一、问卷的编制与说明

"分数的意义"这一课的内容比较抽象，学生难理解，教师难教；苏教版教材中对于分数的内容，安排了三次教学，第一次是在三年级上学期的学习中，已借助分蛋糕的生活情境初步认识了一个物体的几分之一；第二次是在三年级下学期的学习中，通过猴子分桃的故事，进一步认识由一些物体组成的一个整体被平均分成若干份，这样的 1 份或几份也可以用分数表示；第三次是在五年级下学期深入理解分数的意义和分数单位。从三年级到五年级时间间隔比较长，再学习"分数的意义"时，学生运用先前知识的能力如何？可以利用哪些生活经验？已有的知识和生活经验对学生学习分数的意义有哪些影响？学生对分数的意义难以理解的真正原因是什么？为了找到上述问题的答案，以便更好地开展课堂教学，因此，通过问卷的形式，对 N 市 W 小学三、四、五、六年级［三年级学生刚学习完"分数的初步认识（一）"，四年级学生已学习"分数的初步认识（一）（二）"，五年级学生刚学完"分数的意义"，六年级学生在五年级下学期已学完"分数的意义"］的学生进行了调查研究，回收问卷后对问卷情况进行整理分析。

（一）调查对象

调查对象是 N 市 W 小学三、四、五、六年级的学生。三、四、六年级学生调查时间是 2023 年 12 月 25 日至 12 月 29 日，五年级下学期才学习分数的意义，因此，五年级学生调查的时间是 2024 年 4 月 19 日。此时学生已学完分数的意义。

（二）调查问卷问题设置

1. 三、四年级初次题目设计

（1）$\frac{1}{4}$ 是什么意思？你能举例说明 $\frac{1}{4}$ 的含义吗？

（2）如果把"⋮"看作"1"，想一想剩下的图形可以用哪些数表示？
（图 2-1）

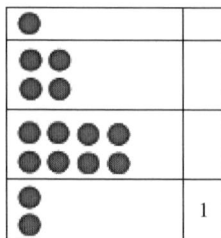

图 2-1

第一次问卷分别针对学生的知识和认知两方面设置了两道题目，选取了四年级的 30 名同学进行试调查，结果显示：第 1 题学生在举例说明 $\frac{1}{4}$ 含义时，大部分同学只列举了一个例子或是同一类型的多个例子，且都是列举生活中的实例，如一个蛋糕、一个比萨、一杯水等，也有部分同学尝试用图形解释 $\frac{1}{4}$ 的具体含义。第 2 题 92.5% 的学生都能正确完成，极个别同学因不理解题意导致错误。

2. 三、四年级调整后题目设计

（1） $\frac{1}{4}$ 是什么意思？你能举例说明 $\frac{1}{4}$ 的含义吗？

（可以写一写，画一画，表示出你的想法，想到几种就在下方写出几种。）

（2）①如果把"⁞"看作"1"，想一想剩下的图形可以用哪些数表示？（图 2-2）

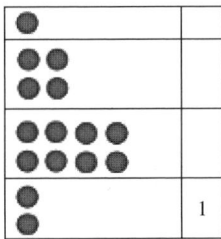

图 2-2

②如果其中一幅图表示"1"，想一想剩下的图形可以用哪些数表示？请你试着写一写。（图 2-3）

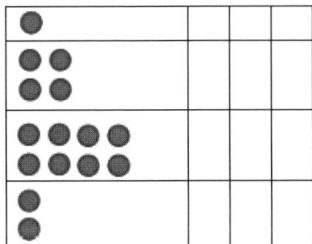

图 2-3

第 1 题调整后，添加了括号里的提示，请学生通过画一画、写一写这样多元化的方式全面表征自己对 $\frac{1}{4}$ 的已有认识。第 2 题由于先前调查时学生完成情况比较出色，因此在第（1）小问的基础上提升了难度，设置了第（2）小问，学生自选其中一个量作为单位"1"，想一想其他图形和单位"1"的关系，问题的开放性更高，发展学生的逻辑思维和发散思维。

3.五、六年级初次题目设计

五、六年级的初次问卷设计基本上与三、四年级相似，但考虑到学生已经学习过"分数的意义"，加上五、六年级学生的年龄增长、认知水平提升，问卷的具体内容和设计也做出一些调整。五、六年级的问卷题目数是3题，第1题同三、四年级，第2题图由圆改为直条图，需要学生先找到其他直条图和表示单位"1"的直条图之间的倍数关系，再用合适的数表示出来，相较于圆图，直条图难度更大，形式上也更为抽象。第3题的题目初次设计为：在五年级下学期学习《分数的意义和性质》单元时，你觉得什么地方最难理解。了解学生对《分数的意义和性质》整个单元的学习情况，以及"分数的意义"一课在整个单元中的学习难度。

（1）$\frac{1}{4}$是什么意思？你能举例说明$\frac{1}{4}$的含义吗？

（2）如果把 ▭ 看作单位"1"，想一想剩下的图形可以用哪些数表示？（图2-4）

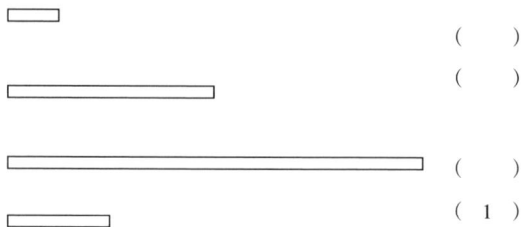

图2-4

（3）五年级下学期学习《分数的意义和性质》单元时，你觉得什么地方最难理解。

初次问卷选取了六年级的30名同学进行试调查，结果显示：六年级的学生在第1题举例说明$\frac{1}{4}$含义时，由于没有提示可以写一写、画一画，想到几种就写出几种，因此较少同学画图，而是通过文字表达$\frac{1}{4}$的含义。画图的同学三、四年级只列举了同类型的例子，如表示一个物体的$\frac{1}{4}$，或表示一些物体的$\frac{1}{4}$。第2题96.4%的学生都能正确完成，说明题目不难，未能区分出学生的水平层次。第 3 题，六年级的学生遗忘情况比较严重，大部分同学只能根据《分数的意义和性质》的单元标题回忆起这个单元有分数的意义和性质这两课，因此大部分同学写了"分数的意义"和"分数的性质"比较难。

4. 五、六年级调整后题目设计

（1）$\frac{1}{4}$ 是什么意思？你能举例说明 $\frac{1}{4}$ 的含义吗？

（可以写一写，画一画，表示出你的想法，想到几种就在下方写出几种。）

（2）①如果把 ▭ 看作单位"1"，想一想剩下的图形可以用哪些数表示？（图 2-5）

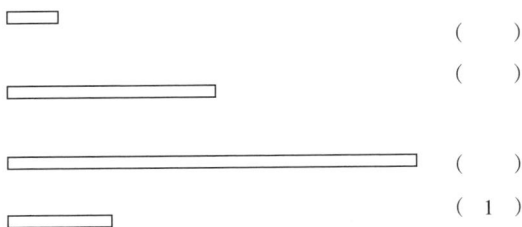

图 2-5

②想一想如果其中一个直条表示单位"1"，剩下的图形可以用哪些数表示？请你试着写一写。（图 2-6）

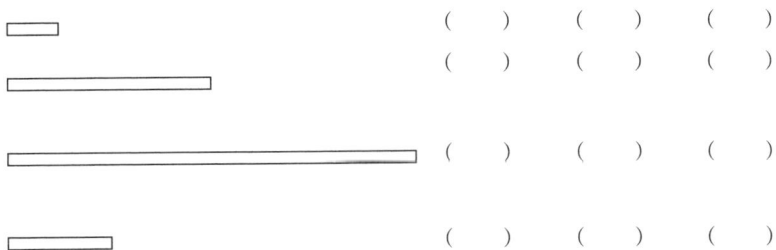

图 2-6

（3）你觉得分数会和我们学过的哪些数有联系？它们会有什么联系？试着写一写、画一画表示分数和其他数的联系。

（4）在五年级下学期学习《分数的意义和性质》单元时，你觉得什么地方最难理解，只选一节课，在表格右面的方框里打"√"。（表 2-1）

表2-1　学生回答情况统计表

《分数的意义和性质》单元内容	我觉得最难理解
没有难理解的	
分数的意义	
分数与除法的关系	
求一个数是另一个数的几分之几	
真分数和假分数	
假分数化整数、带分数	
分数与小数的互化	
分数的基本性质	
约分	
通分	
分数的大小比较	

第1题调整后，同三、四年级一样添加了括号里的提示，让学生能够多元化表达自己对 $\frac{1}{4}$ 的理解。第2题也在第（1）小问的基础上进行层级拔高，培养学生的推理意识，发展学生的应用能力。这里增设了第3题，探讨分数与我们之前学过的数，特别是整数和小数之间的联系。这种联系不仅有助于我们了解学生对分数的认识程度，还能促进学生对整个数系以及数系关系的认识，体现了结构化教与学的理念。第4题考虑到学生学习《分数的意义和性质》单元历时已久，对单元内容有所遗忘，因此将单元的课时内容——列出，供学生选择其中最难理解的内容。

二、问卷题目设计意图

（一）三、四年级调查问卷设计的意图

第1题旨在考查学生对分数含义的理解以及运用多种模型表达同一个分数的能力，唤起学生的生活经验和学习经验，了解学生对分数意义的理解；第2题第1小问旨在考查学生能否根据给定的单位量，理解分数和单位"1"之间的关系，从而顺利表达出其他分数；第2题第2小问旨在考查学生对"分数单位"的理解以及用相同模型表达不同分数的操作能力。

（二）五、六年级调查问卷设计的意图

前 2 题的调查目的与三、四年级基本相同，第 3 题通过探讨分数与整数、小数之间的联系，形成结构化的知识体系，培养学生的逻辑思维和推理能力，帮助学生更深入、完整、全面地理解分数的意义。第 4 题调查目的是了解学生学习《分数的意义和性质》这一单元时的学习难点是什么，找准学生认知上的困难之处，以便教师进行后续的教学设计。

三、"分数的意义"学生访谈设计

访谈作为一种研究方法，是一种质性研究，通过口头交谈的方式从被研究者那里搜集第一手资料。为了更加直接和深入地了解当前学生在学习"分数的意义"时遇到的困难，为教师教学提供支点，选择 N 市 W 小学三、四、五、六年级先前做过问卷调查的小学生进行访谈。

（一）设计访谈提纲

1. 三、四年级学生访谈提纲设计

目的是了解三、四年级学生在学习"分数的意义"前的学情，包括已有的知识经验、可能遇到的问题等，以便后续教师有针对性地教学"分数的意义"。访谈内容主要包括学生对分数意义的概括性理解；学生对单位"1"的认识以及分数与分数单位之间关系的理解。由此设计了如下几个访谈问题：

（1）对分数意义的概括性理解：想一想，你表示的这几个 $\frac{1}{4}$ 之间有联系吗？它们有什么相同和不同的地方。

（2）题目中提到的"1"作为图形的一种表示方式，你是如何理解的？你表示出的这些分数和"1"之间存在什么关系？

2. 五、六年级学生访谈提纲设计

目的是了解五、六年级学生在学完"分数的意义"后还存在哪些困惑和不足，以便教师在后续教学"分数的意义"时可以更好的进行教学设计。

（1）对分数意义的理解：想一想，你表示的这几个 $\frac{1}{4}$ 之间有联系吗？它们有什么相同和不同的地方。

（2）关于"1"的理解以及分数和"1"之间的关系：题目中提到的单位"1"作为图形的一种表示方式，你是如何理解单位"1"的？你表示出的这些分数和单位"1"有什么关系？

（3）学习《分数的意义和性质》这一单元时，哪个地方最难理解，为什么觉得难理解，说说你的想法。

总之，希望通过与学生的交流，获取当前学生在学习"分数的意义"过程中存在的一些共性问题。

（二）选择访谈对象

本研究分别选取了三、四、五、六年级在完成"分数的意义"学前测中回答问题具有代表性的 4~6 位学生进行访谈。对其进行了一对一的访谈和录音，了解学生文字表述背后的思考过程，后续整理录音文件进行分析。

第二节 "分数的意义"学情（学前）调查的实施与结果分析

一、问卷的数据收集与结果分析

（一）问卷调查的实施

本次学情调研采用书面问卷的形式，三、四年级参与调查人数情况如表 2-2 所示：

表 2-2 三、四年级参加调查人数统计表

调查年级	三年级	四年级
调查人数	67 人	66 人

调查共发放问卷 133 份，回收有效问卷 133 份。

（二）问卷调查结果与分析

1.三年级调查结果与分析

（1）问题一调查结果

① 大部分学生凭借丰富的生活经验，能够巧妙地利用日常生活中的各种实物来表示分数，如将一个蛋糕、一杯饮料、一块比萨等，平均分成 4 份，并用 $\frac{1}{4}$ 表示其中的 1 份。（图 2-7 是三年级学生举例生活中的 $\frac{1}{4}$）

图 2-7

② 部分同学进一步抽象，利用数学中常见的图形表示 $\frac{1}{4}$，如将一个圆、一个正方形、一个长方形等平均分成 4 份，将其中涂色的 1 份用 $\frac{1}{4}$ 表示。（图 2-8 是三年级学生结合图形表示 $\frac{1}{4}$）

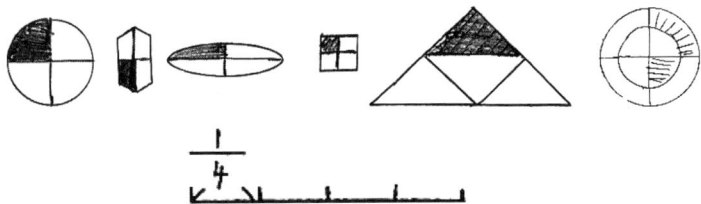

图 2-8

③ 还有两位同学在上述同学的基础上，不仅画出了 $\frac{1}{4}$，他们还关注到 $\frac{1}{4}$ 除了可以将一个物体进行平均分，还可以将一些物体进行均分。图文结合进一步解释说明为什么是 $\frac{1}{4}$，运用了两种不同的方式表示对 $\frac{1}{4}$ 含义的理解，将图形与文字结合，更充分地说明学生对分数意义的深入理解。（图 2-9 是三年级学生图文结合表示 $\frac{1}{4}$）

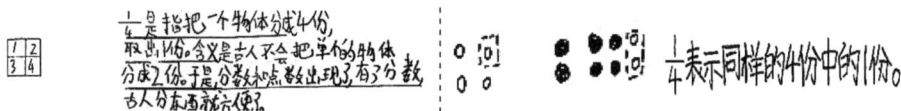

图 2-9

（2）问题二：第 1、2 问调查情况如表 2-3 和表 2-4 所示。

表 2-3　三年级问卷第二题第 1 问的调查情况

填写情况	填对 0 个	填对 1 个	填对 2 个	全对
人数	1	3	1	62（其中 5 人在表示一个圆时，是用小数 0.5 表示的）
占百分比	1.5%	4.5%	1.5%	92.5%
典型示例				

大部分学生根据给出的"1"，均能正确填出剩余的三个数，分别为 $\frac{1}{2}$、2、4，其中全部填错的学生仅有 1 人，完全不理解"1"的含义，认为有几对"1"就是几分之几。填对 1 个的有 3 人，均填对了一个圆用"$\frac{1}{2}$"表示。填对 2 个的有 1 人，只有一个圆时不知道用什么数表示，因此空着没填。

第 2 问是学生自选单位"1"，学生可以选择除第 1 问以外的其他三个图形依次作为单位"1"，结果显示能正确理解单位"1"含义的学生，基本上能根据自己选定的单位"1"顺利表示出同一列中的其他 3 个数，因此，将同一列的 4 个数作为 1 组，分析学生填写情况。（表 2-4）

表 2-4　三年级问卷第二题第 2 问的调查情况

填写情况	填对 0 组	填对 1 组	填对 2 组	全对
人数	12	13	16	26
占百分比	17.9%	19.4%	23.9%	38.8%

填写情况	填对 0 组	填对 1 组	填对 2 组	全对
典型示例				

在第 1 问的基础上，将选择单位"1"的主动权交给学生，开放性和发散性更高，对学生的要求也更高一些，结果显示：填对 0 组的学生 12 人，占 17.9%。这部分学生知道每组图形都可以看作单位"1"，但单位"1"的标准并未完全建立。填对 1 组的学生 13 人，占 19.4%。这些学生在一定程度上理解了单位"1"的含义，但在将单位"1"应用于其他数的表示时，出现了错误。填对 2 组的学生 16 人，占 23.9%。这些学生已经较好地掌握了单位"1"的概念，并能够根据选定的单位"1"表示出同一列中的数，大部分同学能顺利填出 2 组，但在选择单位"1"时未能充分考虑到第 1 问，从而导致了重复选择的情况，思维的严密性有所欠缺。全对的学生 26 人，占 38.8%。这部分学生不仅理解了单位"1"的含义，而且能够准确地将其应用于所有相关的数的表示中，表现出较高的数学理解和应用能力。

2. 四年级调查结果与分析

（1）问题一调查结果

① 学生在三年级已经两次学习了分数，生活经验和学习经验都有所增长，除了能静态地画出 $\frac{1}{4}$，在一些动态的实践操作活动中也能自己发现分数，如倒水、喝水等，并完整的表示出 $\frac{1}{4}$ 这个分数每一部分的含义，分子"1"表示取的 1 份，分母"4"表示平均分成 4 份。（图 2-10 是四年级学生结合生活经验表示 $\frac{1}{4}$）

图 2-10

② 学生不仅能通过涂色数学中常见的图形表示出 $\frac{1}{4}$，还能进一步标出整个图形表示 "1"，并通过文字清楚地表达出 $\frac{1}{4}$ 的意义。（图 2-11 是四年级学生结合图形表示 $\frac{1}{4}$）

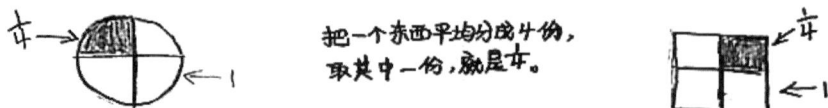

图 2-11

③ 学生既有生活经验的融合也有数学知识的表达，从 "一个物体" 过渡到 "一些物体"，思考的更为全面，图文并茂的形式也展示了自己对 $\frac{1}{4}$ 更为完整的理解。（图 2-12 是四年级学生从不同的 "1" 出发理解 $\frac{1}{4}$）

图 2-12

学生的作品表明他们已经理解了 $\frac{1}{4}$ 作为一个分数的基本含义，即一个物体或一些物体被均匀的分成 4 份后，每 1 份就是 $\frac{1}{4}$。在此基础上，从数与运算的角度加深理解：如将 $\frac{1}{4}$ 转化为小数 0.25，这种转换帮助学生建立不同类型数之间的联系，增强对分数的理解。在理解 $\frac{1}{4}$ 的数学本质后，有同学将 $\frac{1}{4}$ 进行了通分，找到了更多与 $\frac{1}{4}$ 大小相同的分数。不仅如此，还有学生通过画图和运算发现了 $\frac{1}{4}$ 和 $\frac{1}{2}$、1 之间的关系以及 " $\frac{1}{4} + \frac{3}{4} = 1$ " 的关系式。（图 2-13 是四年级学生从数与运算的角度理解 $\frac{1}{4}$）

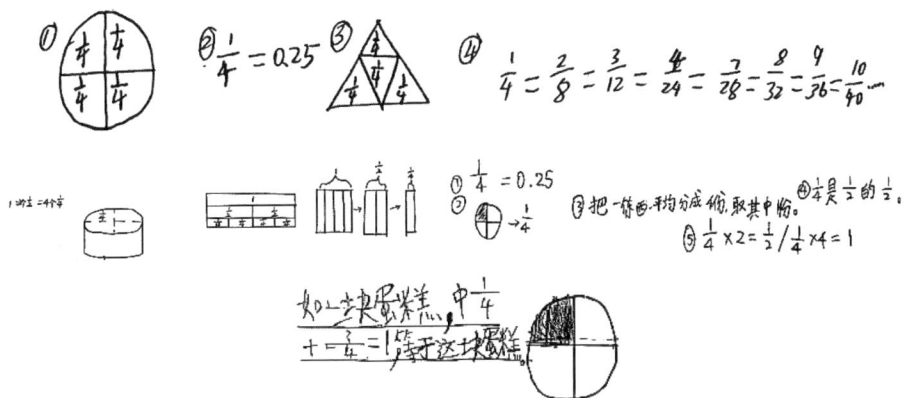

图 2-13

（2）问题二：第 1、2 问调查情况如表 2-5 和表 2-6。

表 2-5　四年级问卷第二题第 1 问调查情况

填写情况	填对 0 个	填对 1 个	填对 2 个	全对
人数	2	4	3	57（其中 29 人在表示一个圆时，是用 0.5 表示的，还有 2 人既写了 0.5 也写了 $\frac{1}{2}$ ）
占百分比	3.0%	6.1%	4.5%	86.4%
典型示例				

　　四年级学生已经学完分数近一个学期，因此大部分学生对分数的相关知识内容已经遗忘，正确率明显低于三年级学生。其中填对 0 个的学生中有一人空着没写，原因是不会填。填对 1 个的有 4 人，均填对了第一个空，用 " $\frac{1}{2}$ " 或 "0.5" 表示。填对 2 个的有 3 人，3 人均将第一个填成了 "0"。全对的 57 人中有近一半是用小数 "0.5" 表示一个圆，可能是生活经验所致，生活中我们更习惯用 0.5，而较少用 $\frac{1}{2}$ ，这也侧面反映了学生对分数知识的遗忘。

表 2-6 四年级问卷第二题第 2 问调查情况

填写情况	填对 0 组	填对 1 组	填对 2 组	全对
人数	15	16	11	24
占百分比	22.7%	24.2%	16.7%	36.4%
典型示例				

四年级调查人数和三年级基本相同，本题的答题情况也基本和三年级学生类似，三分之一左右的学生能够正确理解题意，并有序地填出 3 组数。填对 0 组和填对 1 组的人数差不多，都在 20% 左右，填对 2 组的占16.7%。但在填写时，四年级学生出现了较多的小数，如 0.5、0.25、0.125等，虽然没有用分数表示，但结果是正确的。

3. 三、四年级调查结果对比分析

为确保问卷结果具有可对比性，三、四年级问卷调查人数基本相同，三年级参与调查的人数是 67 人，四年级参与调查的人数是 66 人。两个年级使用的也是相同的问卷，结果对比如下：

（1）第一题结果对比分析

表 2-7 三、四年级学生第一题的答题情况分析

题目	$\frac{1}{4}$ 是什么意思？你能举例说明 $\frac{1}{4}$ 的含义吗？（可以写一写，画一画，表示出你的想法，想到几种就在下方写出几种。）
识记 能在情境中解释分数的意义。	三年级学生：大部分学生能够借助生活经验记忆并表示出分数，如将一个蛋糕、一杯饮料等平均分成 4 份，其中 1 份表示 $\frac{1}{4}$。表明他们在日常生活中已经接触过分数，并能够将其与具体实物联系起来。 四年级学生：学生在记忆分数的基础上，能够进一步标出整个图形表示"1"，并通过文字清楚地表达出分数的意义。表明四年级学生在记忆分数概念的同时，也注重了对分数表示整体与部分关系的理解。

表述	能够用不同的方式表达自己对分数的理解。	三年级学生：学生能够利用数学中常见的图形表示分数，如圆、正方形等。表明他们已经能够理解分数的基本含义，即一个物体或图形被均匀分成若干份后，每1份所表示的数量。 四年级学生：学生不仅能理解分数的基本含义，还能从不同角度出发理解分数。从"一个物体"过渡到"一些物体"，更全面地理解分数的概念。同时，他们还能通过图文并茂的形式展示自己对分数的理解。
应用	能够将学到的分数知识应用到其他问题情境中。	三年级学生：部分学生能够进行简单的分数应用，并完整地表示出每一部分的含义。表明他们已经能够将分数应用到实际生活中去。 四年级学生：能够将分数转化为小数，建立不同数之间的联系。同时，他们还能进行分数的通分和运算，发现分数之间以及分数与整数之间的关系。表明四年级学生在应用分数方面已经具备较为扎实的数学基础和思维能力。

表 2-7 中，三、四年级学生均能结合生活和数学经验表达出对分数意义的理解。三年级学生聚焦于记忆和理解分数的基本概念，能够将分数与日常生活经验相结合，形成直观的分数认知。四年级学生则在此基础上更进一步，不仅深化了对分数本质的理解，具有一定的应用能力。而且他们能够灵活地将分数知识应用于解决实际问题中，如进行分数的转化、通分和运算等。这表明，随着年级的升高和学习的深入，学生对分数的理解和应用能力在持续不断地提升。

（2）第二题结果对比分析

表 2-8　三、四年级学生第二题的答题情况分析

题目 1	如果把"●●"看作"1"，想一想剩下的图形可以用哪些数表示？

水平一	不能理解题目含义，均填错或空着没填	三年级：仅有 1 名学生处于此水平，占 1.5%。 四年级：有 2 名学生处于此水平，占 3.0%。 无论是三年级还是四年级，大部分学生都能理解题目的含义，只有极少数学生无法理解导致填错或选择不填。四年级相对于三年级，水平一的学生增加了一位，总体差异不大。
水平二	填对其中 1 个	三年级：3 名学生处于此水平，占 4.5%。 四年级：4 名学生处于此水平，占 6.1%。 这一水平上，四年级的学生比三年级多一人。说明大部分学生都能至少填对两个题目，只有极少数学生仅填对一个。
水平三	填对其中 2 个	三年级：1 名学生处于此水平，占 1.5%。 四年级：3 名学生处于此水平，占 4.5%。 这一水平的学生人数仍然较少，四年级比三年级多 2 人。
水平四	填对 3 个	三年级：62 名学生处于此水平，占 92.5%。其中 5 人还展示了将分数转化为小数的能力。 四年级：57 名学生处于此水平，占 86.4%。其中 29 人用 0.5 表示一个圆，2 人既写了 0.5 也写了 $\frac{1}{2}$。 三年级的学生人数和比例均高于四年级。三年级大部分学生都能完全正确地填写所有题目，且部分学生能够灵活地将分数与小数进行转换。四年级虽然也有大部分学生能够达到这一水平，但人数不如三年级多。
题目 2	如果其中一幅图表示"1"，想一想剩下的图形可以用哪些数表示？请你试着写一写。	
水平一	不能理解题目含义，均填错或空着没填	三年级：12 名学生处于此水平，占 17.9%。 四年级：15 名学生处于此水平，占 22.7%。 四年级的学生人数和比例均略高于三年级，说明四年级有更多的学生无法理解题目含义或选择不填。
水平二	填对其中 1 组	三年级：13 名学生处于此水平，占 19.4%。 四年级：16 名学生处于此水平，占 24.2%。 四年级在这一水平上的学生人数和比例也略高于三年级，只填对 1 组的情况，四年级学生相对多一些。

分数的意义

水平三	填对其中2组	三年级：16名学生处于此水平，占23.9%。 四年级：11名学生处于此水平，占16.7%。 三年级的学生人数和比例都高于四年级，三年级有更多的学生能够填对两组数据。
水平四	填对3组	三年级：26名学生处于此水平，占38.8%。 四年级：24名学生处于此水平，占36.4%。 最高水平上，三年级和四年级的学生人数和比例都相近，两个年级大部分学生都能完全正确地填写图形所表示的分数。

二、访谈结果与分析

两个年级问卷情况整体较为相似，又略有不同，因此结合问卷情况我们又选择了几位学生进行了访谈，了解学生填写问卷时的想法。

访谈问题一：想一想，你表示的这几个 $\frac{1}{4}$ 之间有联系吗？它们有什么相同和不同的地方。

访谈记录：

三年级学生：

相同的地方：都是把一个东西平均分成4份，取走其中的1份；都是表示 $\frac{1}{4}$。

不同的地方：$\frac{1}{4}$ 的大小和形状都不一样；被分的图形不同；有的是用文字描述，有的是用图形表示。

四年级学生：

相同的地方：都是将一个物体平均分成4份，取其中的1份，就是 $\frac{1}{4}$。

不同的地方：表达方式不同，有文字，有图形；被平均分的物体不一样、有的是平均分一个物体，有的是平均分一些物体；平均分后，$\frac{1}{4}$ 的大小不同、形状也不同。

三、四年级的学生都理解 $\frac{1}{4}$ 的分数含义是"将一个物体或一些物体平均分成4份，并取走其中的1份"。他们都认识到可以用不同的方式表示 $\frac{1}{4}$。三、四年级学生均提到了 $\frac{1}{4}$ 的大小和形状的不同，有的是文字，有的是图形，四年级学生概括能力更强，直接指出了表达方式不同。三年级学生只是提到了被分的图形不同，而四年级学生明确指出了被平均分的物体可以是一个或一些。

总的来说，三年级学生的回答相对较为单一和简单，四年级学生的回答则更为详细和具体，在理解和表达上更为成熟。

访谈问题二：题目中提到的"1"作为图形的一种表示方式，你是如何理解的？你表示出的这些分数和"1"之间存在什么关系？

访谈记录：

三年级学生：首先第 1 问中把一幅图看成"1"，把比它小的看成两份，就是 $\frac{1}{2}$，如果是比它大的两份，就是 2+2 表示 4 份，即 $\frac{4}{4}$。其次第 2 问中每一幅图中的圆都可以看作"1"，所以第一列就填 1、1、1、1，第二列中 4 个圆是 1，那么 1 个圆就是 $\frac{1}{4}$。1 个圆是 1，4 个圆就是 4。4 个圆是 1，8 个圆就是 2。1 个圆是 1，2 个圆就是 2。

四年级学生：这里我认为就是把 2 个圆作为 1 份，那么 1 个圆就是把 1 份分成两个圆的一半，也就是 $\frac{1}{2}$。4 个圆时，两个圆作为一份，2+2=4，说明 4 个圆表示 2。接着 8 个圆，二四得八，所以应该填 4。第 2 问可以先用第一幅图来表示"1"，第二幅图有几个圆就是几。所以填 4、8、2，然后我们可以再把 4 个圆看作 1 份，那么 1 个就是 $\frac{1}{4}$，8 个就是 2，2 个就是 $\frac{1}{2}$，第三幅图我们可以以 8 个圆作为一份，4 个就是 $\frac{1}{2}$，1 个就是 $\frac{1}{8}$，2 个就是 $\frac{1}{4}$。

三年级学生似乎对"1"的理解有些混乱。他们首先把一幅图看作"1"，然后又把比它小或大的部分也看作"1"，这种理解方式导致后续表示分数时出现了错误。四年级学生对"1"的理解更加清晰准确。他们首先确定了一个基准（如 2 个圆作为 1 份），并在此基础上进行后续的分数表示。

在表示分数时，三年级学生试图将每个圆都看作"1"，但这种理解方式并不一致，因为他们在后续的描述中提到了将 1 个圆看作 1，同时将

4个圆也看作1，他们在单位"1"的确定上存在混乱和不确定。四年级学生始终基于他们最初确定的"1"来进行，例如：如果2个圆是1份，那么4个圆就是2份，8个圆就是4份等。因此，四年级学生对单位"1"的理解更为连贯一致。

第三节 "分数的意义"学情（学后）调查的实施与结果分析

一、问卷的数据收集与结果分析

（一）问卷调查的实施

五、六年级参与调查人数情况如表2-9所示：

表2-9 五、六年级参加调查人数统计表

调查年级	五年级	六年级
调查人数	87人	90人

调查共发放问卷177份，回收有效问卷177份。

（二）问卷调查结果与分析

1. 五年级调查结果与分析

（1）问题一调查结果

① 五年级学生在举例生活实例来表达 $\frac{1}{4}$ 时，不仅想到了可以将1个物体进行平均分，还想到了可以将4个物体，12个物体等多个物体进行平均分，抓住了 $\frac{1}{4}$ 的数学本质，平均分成4份。例如：学生将蛋糕图用一个圆来表示，还将 $\frac{1}{4}$ 的含义标注在图上；12根小棒的 $\frac{1}{4}$ 是3根，融入了除法的知识，解释了"12根小棒的 $\frac{1}{4}$ 是3根"是如何得到的（图2-14是五年级学生举例生活中的 $\frac{1}{4}$ ）。

图2-14

051

② 在画图表征 $\frac{1}{4}$ 时，五年级学生同样关注到了单位"1"可以是 1 个物体，也可以是一些物体。不仅如此，同样是圆，表示出的 $\frac{1}{4}$ 也可能不同。可以是一个圆表示 $\frac{1}{4}$，也可以是一个圆均分成 4 份，其中 1 份表示 $\frac{1}{4}$，还可以是 16 个圆表示 $\frac{1}{4}$，圆还可以和其他图形组合在一起表示 $\frac{1}{4}$，融入了间隔排列的知识。可见五年级的学生已经意识到了组成单位"1"的物体个数不同，表示出的 $\frac{1}{4}$ 也是不一样的，同样的思维方式也体现在线段图中（图 2-15 是五年级学生结合图形表示 $\frac{1}{4}$）。

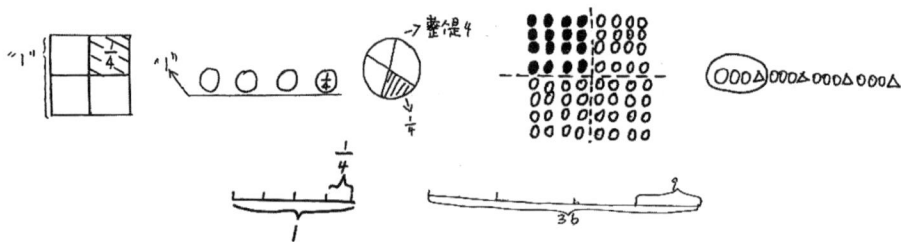

图 2-15

③ 五年级的学生不仅通过画图的方式表示出了 $\frac{1}{4}$ 的含义，还进一步推理得到了与 $\frac{1}{4}$ 大小相等的分数，如 $\frac{2}{8}$、$\frac{4}{16}$、$\frac{6}{24}$、$\frac{25}{100}$……并发现了一个重要的规律：只要这个物体被平均分成 a 份（其中 a 是 4 的倍数），取其中的 $a \div 4$ 份，即取走了 $\frac{1}{4}$ 份，取走的与总体的关系就可以用 $\frac{1}{4}$ 表示。同样的想法也在另外两位同学的作品中得到了体现。这表明五年级学生对于分数意义已经有了较为深入的理解（图 2-16 是五年级学生从运算角度表示的 $\frac{1}{4}$）。

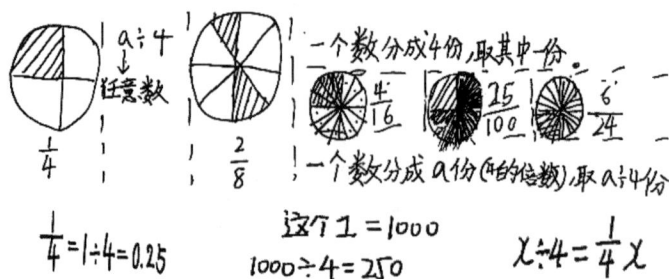

图 2-16

（2）问题二：第1、2问调查情况

表2-10　五年级问卷第二题第1问调查情况

填写情况	填对0个	填对1个	填对2个	全对
人数	2	1	6	78（其中52人在表示一个圆时，是用0.5表示的，还有6人既写了0.5又写了$\frac{1}{2}$）
占百分比	2.3%	1.1%	6.9%	89.7%
典型示例				

表2-10中，五年级学生刚学过分数的意义，对分数的知识还记忆犹新，因此，97%左右的学生能做到填对2个及以上。填对0个的学生有2人，其中1人不理解题目意思，因此空着没填，另1人理解错了题目的意思，认为单位"1"就是1cm，第一个比1cm短就是0，第二个比1cm长3cm，第3个比1cm长7cm，因此依次填入了0、3、7。填对1个的学生不能正确理解单位"1"的含义，找错了参照的标准量，而填对2个的学生中有不少同学是通过目测的方法，大致估计了一下是单位"1"的几倍，因此产生了误差。

表2-11　五年级问卷第二题第2问调查情况

填写情况	填对0组	填对1组	填对2组	全对
人数	13	17	10	47
占百分比	14.9%	19.5%	11.5%	54.1%
典型示例				

表 2-11 中，第 2 问虽然具有更强的开放性，但与第 1 问紧密相连，关键在于学生是否能够理解单位"1"的变化。未能填对任何一组的学生，大多不理解什么是单位"1"，不懂题目意思，导致他们在处理四根直条所代表的数据关系时显得混乱。填对 1 组的学生中，主要选择以最短的直条作为单位"1"，并依次填入 1、4、8、2 这一组数字。这组数相对简单，它们都是整数，呈现出清晰的倍数关系。填对 2 组的学生，大多数都重复了第 1 问的答案，遗漏了第四种情况，即没有考虑到以 4 cm 或 8 cm 的直条作为单位"1"。3 组都填对的学生，不仅需要熟练掌握分数的相关知识，还要具备缜密的数学思维，才能在寻找单位"1"的过程中，做到不重复、不遗漏。

（3）问题三的调查结果

你觉得分数和我们学过的什么数有联系？它们有什么联系？试着写一写、画一画表示分数和其他数的联系。

① 分数与小数、整数有关。

在将物体进行平均分的时候可以通过除法运算，将分数转化为小数形式，小数也可以转化为分数，表示同样大小的数时，用分数表示有时比用小数表示简便。

整数也可以被看作是分数的特殊形式，任何整数都可以表示分母为 1 的分数，当分数的分子是分母的倍数时，分数可以简化为整数。（图 2-17）

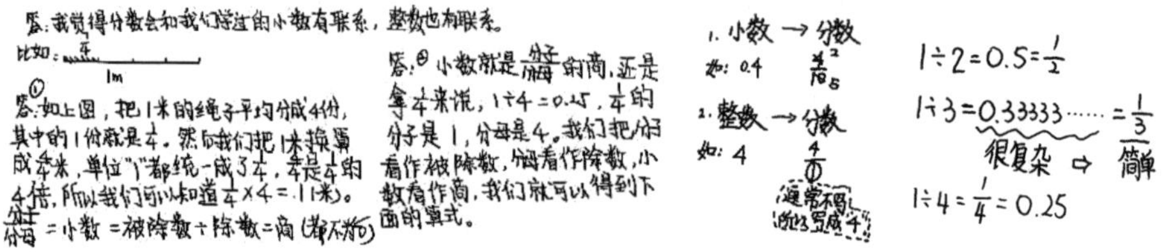

图 2-17

② 分数与线段、数轴有关。

分数可以表示线段的长度。如一条线段被平均分成 4 段，其中的 1 段就是这条线段的 $\frac{1}{4}$。

可以在数轴上表示分数，分数和小数在数轴上都有对应的点的位置来表示它们的大小关系。（图 2-18）

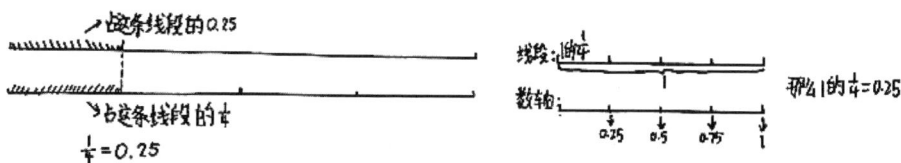

图 2-18

③ 分数与方程有关

分数的运算可以构成方程，当我们进行分数的加减乘除运算时，经常会列等式来求解未知数，这样的等式就是方程。在解方程的过程中，会遇到需要用分数来表示未知数的情况。分数的运算、分数的化简、分数大小的比较等性质在解方程时都是非常重要的工具。（图 2-19）

图 2-19

（4）问题四调查结果

在学习《分数的意义和性质》单元时，你觉得什么地方最难理解。

表 2-12　五年级问题四回答情况统计表

困难之处	人数	百分比
没有难理解的	13	15%
分数的意义	20	23%
分数与除法的关系	3	3.4%
求一个数是另一个数的几分之几	10	11.5%
真分数和假分数	3	3.4%
假分数化整数、带分数	0	0

（续表）

困难之处	人数	百分比
分数与小数的互化	3	3.4%
分数的基本性质	26	30%
约分	3	3.4%
通分	3	3.4%
分数的大小比较	3	3.4%

由表 2-12 知，在《分数的意义和性质》单元的学习中，学生感到最难理解的地方主要集中在"分数的基本性质"和"分数的意义"这两部分。学生难理解分数的基本性质的原因是不明白为什么会有分数的性质，但他们在学习中利用商不变的规律来理解分数的基本性质又逐渐理解了。还有同学认为要学好分数的基本性质，要先学好分数的意义。认为分数的意义难理解的学生集中认为分数的意义应该是一个具体的数，学习之后才发现分数的意义表达的是一个数与另一个数之间的关系，而这样的关系比较难理解。

2. 六年级调查结果与分析

（1）问题一调查结果

① 六年级只有 3 位学生是联系生活中的实际物品画图表示 $\frac{1}{4}$，蛋糕图是学生初次认识分数时用到的，因此学生印象深刻。六年级学生在平均分时也是既考虑到了一个物体也考虑到了一些物体的情况。在苹果图中，明显看出学生并没有单独圈出其中的某一个苹果，因为他们知道每个苹果都可以看成这堆苹果的 $\frac{1}{4}$。（图 2-20 六年级学生结合生活经验表示 $\frac{1}{4}$ ）

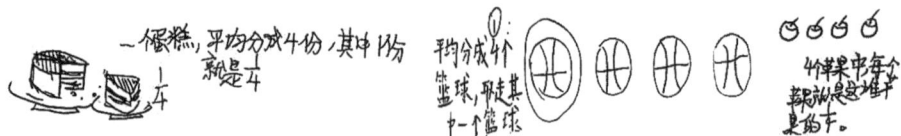

图 2-20

② 六年级学生利用图形表示 $\frac{1}{4}$ 时，单位"1"既有一个圆也有一些圆，既有平面图形也有立体图形，三角形的 $\frac{1}{4}$ 看似没有将其平均分，实则是分成了 4 个等底等高的小三角形，将面积进行了平均分。在用直条图和

线段图表示 $\frac{1}{4}$ 时，也与先前三至五年级的同学稍有不同，不仅将整体看作"1"，而是赋予了这个整体具体而实际的量，如 1 吨、1 升油，得到的 $\frac{1}{4}$ 也不再是一个单纯的数值，而是一个具有实际大小的数量。（图 2–21 是六年级学生结合图形表示 $\frac{1}{4}$ ）

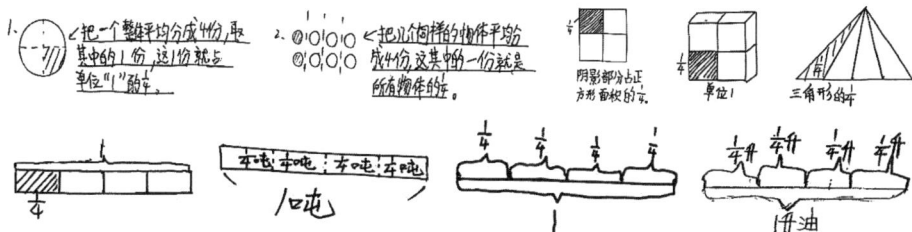

图 2–21

③ 学生首先确定两个可以比较的事物，将这两个事物的数量转化为可以比较的数值，如 1 个圆是 4 个正方形的 $\frac{1}{4}$，说明六年级的学生已经能理解一个数是另一个数的 $\frac{1}{4}$，那么这个数就是另一个数除以 4 的结果。（图 2–22 是六年级学生在比较中理解 $\frac{1}{4}$ ）

图 2–22

④ 在理解了 $\frac{1}{4}$ 含义的基础上，六年级的学生进一步从量与率的角度深入认识 $\frac{1}{4}$，如作为单位"1"的 $\frac{1}{4}$ 是一个表示数值的率，而 1 米的 $\frac{1}{4}$ 则是一个表示大小的量。不仅如此，学生还将 $\frac{1}{4}$ 与除法、比、百分数、小数等进行灵活转换。（图 2–23 是六年级学生从数与量的角度理解 $\frac{1}{4}$ ）

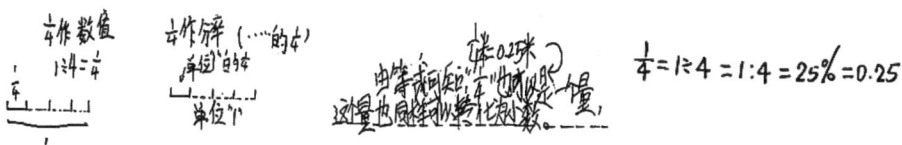

图 2–23

（2）问题二：第1、2问调查情况

表 2-13　六年级问卷第二题第 1 问调查情况

填写情况	填对 0 个	填对 1 个	填对 2 个	全对
人数	0	2	0	88（其中在表示一个圆时，21人是用 0.5 表示的，1人写了 50%，5人既写了 0.5 也写了 $\frac{1}{2}$）
占百分比	0%	2.2%	0%	97.8%
典型示例				

表 2-13 中，六年级的学生大部分都能理解题目的要求，并根据给定的单位"1"，正确填出其他 3 个括号内的数，3 个都填正确的占到总人数的 97.8%，只有 2 位同学答错了其中一个空，原因是在测量的时候产生了误差，将 1 cm 的直条量成了 1.2 cm，因此在写数时，将 0.5 写成了 0.6，但这两位学生的思路是完全正确的。

表 2-14　六年级问卷第二题第 2 问调查情况

填写情况	填对 0 组	填对 1 组	填对 2 组	全对
人数	10	14	20	46
占百分比	11.1%	15.6%	22.2%	51.1%
典型示例				

表 2-14 中，六年级半数以上的学生能够将 3 组都完全填对，但由于此时六年级学生已经基本学完小学阶段关于数的知识，在答题时出现了多类型的数，如分数、小数、百分数等，因此只要学生填入的数值大小

是正确的，均算对。也正因如此，很多学生审题不清，误以为是填入大小相等但类型不同的数，因此同样一个直条就出现了用 $\frac{1}{8}$、0.125、12.5% 等类型不同但大小相同的数表示，这只能算答对 1 组。

（3）问题三调查结果

① 分数与小数、整数、百分数等有关

六年级的学生对于数的相关知识掌握比较完备，因此在回答分数和什么数有联系时，会将所有学过的数进行系统整理，找到它们与分数之间的联系，并通过知识结构网将所有的数串联起来。正如孩子所说数的世界很奇妙，同一个大小的数却能用好几种不同的方式表达。虽然图上没有将负数纳入，但访谈时也有学生提到分数也有负分数（图 2-24）。

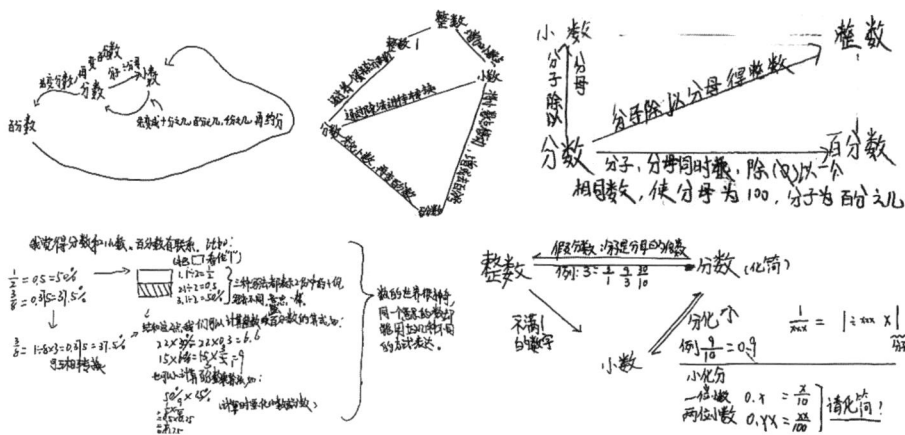

图 2-24

② 将分数与除法、比联系起来

分数与除法、比之间是紧密联系的，并且可以相互转化。

分数可以看作是除法的结果，如"4÷5"结果可以用分数表示为"$\frac{4}{5}$"。这里的分子 4 对应被除数，分母 5 对应除数，而分数 $\frac{4}{5}$ 则表示了除法的结果。

比可以看作分数的一种特殊形式，如我们要比较两个数 A 和 B 的大小，并且说"A 是 B 的 $\frac{2}{3}$"，那么这里的"$\frac{2}{3}$"就是一个分数，也表示了 A 和 B 之间的倍比关系（图 2-25）。

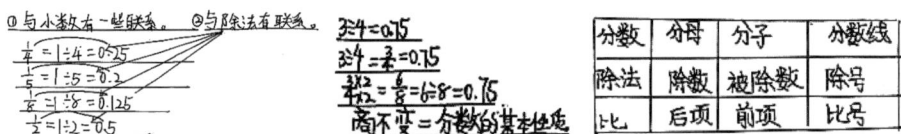

图 2-25

③ 数的运算具有一致性

整数的运算律如加法结合律、乘法结合律等，不仅适用于整数、小数，同样也适用于分数。无论何种运算，本质上都是计算计数单位的个数。（图2-26）

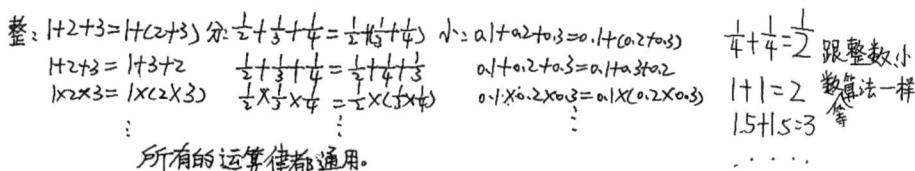

图 2-26

（4）问题四调查结果

在学习《分数的意义和性质》单元时，你觉得什么地方最难理解。

表 2-15　六年级问题四回答情况统计表

困难之处	人数	百分比
没有难理解的	36	40.0%
分数的意义	4	4.4%
分数与除法的关系	2	2.2%
求一个数是另一个数的几分之几	20	22.2%
真分数和假分数	2	2.2%
假分数化整数、带分数	0	0%
分数与小数的互化	6	6.7%
分数的基本性质	10	11.1%
约分	2	2.2%
通分	5	5.6%
分数的大小比较	3	3.3%

由表 2-15 知，在《分数的意义和性质》单元的学习中，40% 的六年级学生认为没有困难之处，其他内容中所占比重较大的依次是"求一个数是另一个数的几分之几""分数的基本性质""通分""分数的意义"等。通过访谈得知学生认为在求一个数是另一个数的几分之几时，单位"1"最难找。分数的基本性质难在不理解为什么两个分数的分子和分母乘或者除以同一个数，分数的大小不变，不理解其中蕴含的道理。通分的计算量比较大，很容易算错。认为分数的意义难理解的学生不理解什么叫意义，不知道如何表达分数的意义。

3. 五、六年级调查结果对比分析

五年级参与调查的人数是 87 人，六年级参与调查的人数是 90 人，两个年级参与的学生人数差不多，使用的也是相同的问卷，结果对比如下：

（1）第一题结果对比分析

表 2-16　五、六年级学生第一题答题情况分析

题目	$\frac{1}{4}$ 是什么意思？你能举例说明 $\frac{1}{4}$ 的含义吗？（可以写一写，画一画，表示出你的想法，想到几种就在下方写出几种。）	
识记	能在情境中解释分数的意义。	五年级学生：借助具体的物体（如蛋糕、小棒），在举例和画图中表达对"$\frac{1}{4}$"的理解，知道如何将一个或多个物体平均分成 4 份，并认识到单位"1"可以是不同数量的物体。 六年级学生：除了回忆起"$\frac{1}{4}$"的基本含义外，还能将这一概念与实际生活中的物品（如苹果、油、圆和正方形）相结合，形成更为丰富的记忆联结，还关注到了单位"1"的多样性。
表述	能够用不同的方式表达自己对分数的认识。	五年级学生：能用图形（如蛋糕图、线段图）和数学语言（如除法表达式）来表达对"$\frac{1}{4}$"的理解。能进一步推理得到与"$\frac{1}{4}$"大小相等的其他分数，并发现这些分数之间的规律。 六年级学生：表述更为丰富和深入，不仅能够用图形（包括平面图形和立体图形）和数学语言来表述，还能将"$\frac{1}{4}$"与除法、比、百分数、小数等概念进行灵活转换。

应用	能够将学到的分数知识应用到其他问题情境中。	五年级学生：能够将学到的"$\frac{1}{4}$"知识应用到一些简单的情境中，还能通过直观画图的方式表达对"$\frac{1}{4}$"的理解。 六年级学生：不仅能够在情境中解释分数的意义，还能将分数知识与实际问题相结合，如通过比较两个事物的数量来理解分数之间的关系。此外，他们还能从量与率的角度深入理解分数，如将"$\frac{1}{4}$"看作一个表示数值的率或一个表示大小的量。

表 2-16 中，五年级和六年级学生在分数的理解上均较为深入，不是单纯理解分数的意义，还能与其他内容相融合。但两个年级对分数意义的理解也略有不同：五年级学生借助具体物体理解分数，认识到单位"1"的多样性。六年级学生在理解分数意义时，更为灵活，并能与除法、比、百分数等进行相互转换。五年级学生能将知识应用于简单情境，而六年级学生则能结合实际问题，从数与量的角度深入理解分数，展现了更高的应用能力和数学思维深度。

（2）第二题结果对比分析

表 2-17　五、六年级学生第二题答题情况分析

题目 1	如果把 ▭▭▭▭ 看作单位"1"，想一想剩下的图形可以用哪些数表示？ ▭　　　　　　　　（　　） ▭▭▭▭▭　　　　（　　） ▭▭▭▭▭▭▭▭　（　　） ▭▭　　　　　　　（　1　）
水平一	不能理解题目含义，均填错或空着没填。	五年级：2 人处于此水平，占总人数的 2.3%。其中 1 人完全不理解题目意思，因此没有填写答案；另 1 人审题有误，将单位"1"理解为 1cm，导致答案错误。 六年级：无人处于此水平，显示出六年级学生对题目有更好的理解能力。 极个别五年级学生对题目的理解存在困难，而六年级学生则普遍能够理解题目要求。

左侧栏：**分数的意义**

水平二	填对其中1个	五年级：有1人，占总人数的1.1%。虽答对了一个空，但明显对单位"1"的理解不够准确，未找到正确参照标准量。 六年级：有2人，占总人数的2.2%。虽然错误但思路正确。 五、六年级都存在错误，五年级是对单位"1"的误解，六年级是测量产生的误差。
水平三	填对其中2个	五年级：有6人，占总人数的6.9%。大多数学生通过目测来估计单位"1"的倍数，产生了误差，导致部分答案错误。 六年级：无人处于此水平，学生在对分数的理解上更为准确。 五、六年级学生均表现出一定的理解和应用能力，但五年级学生严谨性不够。
水平四	填对3个	五年级：有78人，占总人数的89.7%。大部分五年级学生能够正确理解并应用分数知识。 六年级：有88人，占总人数的97.8%。六年级学生的分数理解和应用能力普遍较强。 五、六年级学生都表现出较高的分数理解和应用能力。六年级学生的正确率更高。
题目2	想一想如果其中一根直条表示单位"1"，剩下的图形可以用哪些数表示？请你试着写一写。 （　）（　）（　） （　）（　）（　） （　）（　）（　） （　）（　）（　）	
水平一	不能理解题目的含义，均填错或空着没填	五年级学生：有13人，占总人数的14.9%。可能不理解题目中的单位"1"，或是看不懂题目要求。 六年级学生：有10人处于此水平，占总人数的11.1%。未能理解题目要求。 五、六年级都有一部分学生存在题意理解困难的问题，搞不清单位"1"的概念。

水平二	填对其中 1 组	五年级学生：有 17 人，占总人数的 19.5%。这些学生大多选择以最短的直条作为单位"1"，并填入了一组简单的整数关系（如 1、4、8、2）。 六年级学生：有 14 人，占总人数的 15.6%，与五年级类似，同样没有考虑到其他可能的单位"1"。 五、六年级的学生都表现出了一定的理解能力和应用能力，但水平二的学生只考虑了部分可能性。
水平三	填对其中 2 组	五年级学生：有 10 人，占总人数的 11.5%。这些学生大多重复了第 1 问的答案。 六年级学生：有 20 人，占总人数的 22.2%。开始意识到需要考虑多种可能性，但仍有所遗漏。 与五年级相比，六年级在这个水平上的学生比例更高。处于此水平的学生思考不够全面，遗漏了一种情况。
水平四	填对 3 组	五年级学生：有 47 人，占总人数的 54.1%。这些学生能够在寻找单位"1"的过程中做到既不重复也不遗漏。 六年级学生：有 46 人，占总人数的 51.1%。学习数的知识增多，学生在填数时难以抉择，因此造成了一部分同学填入了错误的答案。 与五年级相比，六年级在这个水平上的学生比例略低。这可能是由于六年级题目中出现了多种类型的数（如分数、小数、百分数），无意中增加了难度。

（3）第三题结果对比分析

对比五、六年级的回答，可以从以下几个角度进行总结概括：

① 数的系统性和完整性

五年级的学生已经意识到分数与小数、整数之间存在联系，他们能够通过除法运算进行分数与小数、整数的转换。六年级的学生则进一步扩展了这种联系，将百分数、负数、比也纳入其中，并通过知识结构网的形式展示了数的系统性和完整性。

② 与几何图形的联系

五年级和六年级的学生都提到了分数与线段、数轴之间的联系。他们知道分数既可以表示线段的长度，也可以在数轴上找到对应的点，从而借助位置关系理解分数的大小。

③ 与运算的联系

五年级的学生开始意识到分数与方程有关，分数的运算可以构成方程。六年级的学生则更深入，他们知道在解方程的过程中，分数的运算、化简、比较大小等性质都是非常重要的工具。还指出了数的运算是相通的，一是运算律不仅适用于整数、小数，也适用于分数。二是所有的运算都具有一致性，是基于计数单位进行的，显示了他们对数与运算的深入理解。

（4）第四题结果对比分析

对比五、六年级学生对《分数的意义和性质》单元学习中的困难之处，可以看出两者在理解《分数的意义和性质》单元上存在一些共性和差异。

共性方面，两个年级的学生都普遍认为"分数的意义"和"分数的基本性质"是学习中的难点。对于"分数的意义"，学生往往将其视为一个具体的数，而忽视了分数实际上表达的是两个数之间的数量关系，这种关系对他们来说较为抽象。对于"分数的基本性质"，学生不明白为什么两个分数的分子和分母同时乘或除以同一个数时，分数的大小会保持不变。这涉及到对分数本质和数学规律的理解，需要学生具备一定的抽象思维和逻辑推理能力。

差异方面，五年级学生更多地将困难集中在"分数的意义"上，而六年级学生则更多地关注"求一个数是另一个数的几分之几"，特别是如何准确找到单位"1"的问题。单位"1"的问题其实也是学习"分数的意义"时不可回避的，这也反映了"求一个数是另一个数的几分之几"包括本单元的其他内容均是建立在"分数的意义"基础上的。

总的来说，分数意义的理解是贯穿学生数学学习的重要内容。从五年级到六年级，学生们对分数意义的理解逐渐从具体的数值转向两个数之间的数量关系，这是一个认知上的转变和深化。同时，分数的基本性质、求一个数是另一个数的几分之几以及通分等知识点也是学生需要重点突破和掌握的难点。因此，在教学过程中，教师应注重引导学生深入理解分数的意义，帮助他们建立正确的数学概念，提高数学素养和解决问题的能力。

二、访谈结果与分析

访谈问题一：想一想，你表示的这几个 $\frac{1}{4}$ 之间有联系吗？它们有什么相同和不同的地方。

访谈记录：

五年级学生：

相同的地方：把 1 个物体或者把 4 个物体平均分成 4 份，取 1 份；每份都表示 $\frac{1}{4}$。

不同的地方：有的是一个物体，有的是多个物体；因为单位"1"的物体大小、形状不一样，所以每个 $\frac{1}{4}$ 的大小和形状不一样；表达方式不同。

六年级学生：

相同的地方：都是将一个物体、一个单位、一个整体看作单位"1"，将其平均分成 4 份，取其中的 1 份；占单位"1"的份数是一样的；化成小数都是 0.25，化成百分数都是 25%。

不同的地方：它们的单位"1"不同；单位"1"表示的不同，有的用作数值，以"1"为单位"1"，在计算中常见，有的用作分率，题目给定的量是"××"的 $\frac{1}{4}$；表达形式不同、表达方式不同；平均分后，$\frac{1}{4}$ 的大小不同、形状不同；带单位的 $\frac{1}{4}$ 表示一个数量，不带单位的 $\frac{1}{4}$ 表示两者之间的关系。

从对五、六年级学生的访谈中，我们可以发现他们对分数和单位"1"的理解存在明显的差异，这些差异主要源于他们的数学知识和认知水平的不同。两个年级的学生都提到了将一个物体或一些物体进行平均分。都认识到 $\frac{1}{4}$ 可以用来表示一个整体被均分 4 份后的 1 份。

五年级学生更多地从直观和具体的角度理解单位"1"，而六年级学生则能够更抽象地理解单位"1"可以代表不同的量或整体，并能够进一步区分带单位和不带单位的分数分别表示数量和比率。

访谈问题二：题目中提到的这个单位"1"作为图形的一种表示方式，你是如何理解这里的单位"1"的？你表示出的这些分数和单位"1"之间存在什么关系？

访谈记录：

五年级学生：单位"1"是一个整体，一个物体、一个计量单位、一些物体组成的整体都可以称为单位"1"，题目中的任意一个图形都可以被看作单位"1"。当我们把其中的一个直条看作单位"1"，那么它的一半就可以表示为 $\frac{1}{2}$，它的 2 倍就可以表示为 2，它的 4 倍就可以表示为 4。

六年级学生：把一个物体用自然数"1"表示，它就可以叫作单位"1"，所有的图形都可以被看作单位"1"。比单位"1"大，是单位"1"的几倍就可以用整数表示，比单位"1"小，需要把单位"1"进行平均分用分数表示。

两个年级的学生都正确地将单位"1"视为一个整体，并理解单位"1"与分数之间的关系，即分数可以用来表示单位"1"的某个部分或倍数。

六年级学生的回答在表述上更为全面和深入。他们不仅提到了单位"1"作为一个整体，还进一步解释了如何用整数和分数来表示比单位"1"大或小的部分。这种表述方式更加系统化和结构化，显示了六年级学生对分数知识理解的深度和广度。

访谈问题三：学习《分数的意义和性质》这一单元时，哪个地方最难理解，为什么觉得难理解，说说你的想法。

访谈记录：

五年级学生：我觉得学习"分数的意义"最难理解，因为有些分数用来表示分率，有些用来表示量，很容易搞混。也有同学认为"分数的意义"最难理解，是因为会忘记"平均分"。

六年级学生："求一个数是另一个数的几分之几"最难，因为单位"1"不容易找，而且分数后面带不带单位也会直接影响这个分数是表示数量的还是表示关系的。

两个年级的学生在学习《分数的意义和性质》这一单元时都遇到了不同的困难。这些困难反映了分数概念的复杂性和抽象性，分数既可以表示关系也可以表示数量，这增加了理解的难度。五年级学生在学习理论知识上有困惑，即混淆分数的定义和表示方式，以及忘记"平均分"等核心概念。六年级学生则更关注于实际操作中的困难，如如何确定单位"1"和分数带不带单位的问题。

三、基于学情调研的教学建议

三年级的学生刚学完分数的初步认识（一），四年级的学生已经学完了分数的初步认识（一）（二），这两个年级的学生都善于结合生活经验和数学图形来表征分数的意义，但大多表征的是一个物体或一些物体的 $\frac{1}{4}$，还不能抽象出单位"1"的概念。五年级的学生刚学完分数的意义，对这部分内容印象比较深刻，识记性的知识表达的都比较好，在描述 $\frac{1}{4}$ 含义时，能熟练运用一个整体、一个计量单位、一些物体组成的整体等不同的单位"1"进行平均分。六年级的学生经历了小学阶段六年的学习，对分数意义的表达已经在生活经验和数学学习中融入了自己的个人理解，能用比较规范化的语言来阐述自己对分数意义的理解，对分数有关的知识也能融会贯通，表达方式也更加多元。大部分同学都认为"分数的意义"不难理解，认为"求一个数是另一个数的几分之几""分数的基本性质"等内容才是难理解的，但难理解的点还是关于单位"1"的确定，这其实也是"分数的意义"的重要学习内容。

基于以上学情，提出以下几点教学建议：

（一）依托整数基础，深化对分数意义的理解

在进行"分数的意义"教学时，应紧密结合学生已有的整数经验，凸显分数是因"分物时不能得到整数结果而产生的"这一现实背景。更关键的是，要引导学生经历数系扩展的过程，使他们体会到分数与整数一样，

都是具有大小和位置属性的数。因此，在分数的意义教学中，应特别注重在数轴上表示分数的教学环节。通过在数轴上不断细分"1"，每次细分都能得到更小的分数单位，用这些分数单位去度量，可得到不同的分数。这样的过程有助于学生体会"度"与"量"的关系，理解分数是计数单位个数的累加，从而真正感受到"数来自于数"。

（二）借助多元学材，构建单位"1"的抽象模型

理解分数意义的关键在于对单位"1"的正确认识。因此，在教学中，应借助多样化的学材，图形、实物、模型等，帮助学生经历从具体物体到抽象整体的转变过程。通过比较"同样是四分之一，为什么对应的数量却不一样"的情境，让学生深刻体会单位"1"的不同对分数所表示份数的影响。随后，逐步引导学生舍弃现实背景，将平均分的对象抽象为单位"1"，从而建立完整的分数概念。

（三）设计序列化活动，逐步深化对分数意义的理解

为了使学生全面而深刻地理解分数的意义，应设计一系列序列化的教学活动。首先，在认识单位"1"的环节中，结合生活经验和学材操作，引导学生初步理解具体分数的含义，体会部分与整体的关系。同时，通过比较和迁移，帮助学生从"把一个物体平均分"过渡到"把一些物体组成的整体"平均分，以及"把一个计量单位"进行平均分，从而建立"整体"的观念，正确理解单位"1"。

在理解分数意义的环节中，设计的活动应突出三个核心要点：① 引导学生明确把一个或一些物体看作一个整体，用自然数 1 表示，这就是单位"1"的概念；② 指导学生将单位"1"平均分成若干份，理解分数中的分母含义；③ 让学生明白这样的一份或几份用分数表示，理解分数中的分子含义。此外，除了教学分子为 1 的分数外，还应增加分子为其他数的分数，以便学生对分数的意义有更全面而深刻的认识。

第三章　学材开发

　　《义务教育数学课程标准（2022 年版）》明确提出"学生能够直观理解所学的数学知识及其现实背景"，并在教学提示中明确提出要让学生借助一定的学习材料，用直观的方式来表达数学知识。结构化学材的开发指向科学认知过程、推动儿童数学思维的发展，是儿童思维深度发展的有力支撑。结构化学材，是结构关联的学习材料，既关注知识结构的关联，也关注认知结构的关联。结构化学材开发是在单元整体甚至跨单元、跨学科视角下对教材内容进行重组，基于儿童认知特点，指向儿童结构性思维发展的可视化、易操作的工具支架，它采用形式多样的表达形式吸引儿童注意，适合儿童同时进行外在的具象操作和内在的心理历程，支持儿童思维能力不断进阶。小学阶段的儿童具有三种不同层次的思维形式——直觉行动思维、具体形象思维和抽象逻辑思维，要想达到儿童根据自己不同的需求，自主灵活切换，多层面、多视角全面认知的目的，结构化学材必须是一组知识内在关联、形象具体直观、易于多元表征的"学材包"。研究"分数的意义"结构化"学材包"，充分关照到学生已有的生活学习经验和个性化需求，让学生自由选择素材，多元开放表征，通过具身、离身的不同体验，对接不同层次思维。

第一节　结构化学材的开发

一、学材开发的原则

　　小学数学结构化学材开发致力于知识内容、学习材料和学生三者"整体、关联、发展"的关系，从整体到细节对学习内容进行重组与整合，开发能够让儿童自主认知发展，整体构建立体式适合学生自主学习的材料资源，以利于构建一个相对稳定、清晰、系统化的认知结构。小学数学结构化学习的学材开发要遵循的三个原则，对教师"用教材教"具有普遍的意义。

一是整体性原则。教师依据教材纵向连贯分析教材所呈现学习内容的结构，找到核心元素，看清知识生长的原点，厘清知识结构的思维发展过程，以及横向融通跨领域数学知识的思想方法，清晰知识体系与学生认知过程的整体性。教师要弄清楚教材编排中依据知识核心元素螺旋上升编排的体系结构，结合认知困难，开发"创造"学习认知的"桥梁"，促进学生学习过程循环上升的整体性。

二是关联性原则。教师依据核心元素的关联结构及其变化，打通联系的知识点，创造真实的学习情境，在整体性基础上，突出其内在核心元素结构中心的转移、转换与转变，从而不断地推进层级性数学学习活动的深入展开，促进学习过程由内而外的结构化理解，连接着数学的整体认知学习，融通课时、单元、领域知识的理解学习，实现"课课不同，课课融通"的数学结构化学习。

三是发展性原则。结构化学材的开发是一个动态变化的可操作与可创造的过程，随着社会发展需要、课程标准实施以及学生需求的变化而不断发展，这也是数学学科教学体系发展的内在要求。将"学生的发展"作为根本目标，注重学生的实践性。重视学生经历、经验，突出学生的内在动机、兴趣、态度、习惯等因素，科学运用具象、表象、抽象与想象的层级认知活动，不断提升自我反省、修正与调节的元认知水平，在动机、兴趣、态度与习惯方面经历自我的体验，促进数学学习的综合素质发展与关键能力的培养。

二、学材开发的策略

（一）开发贴近思维发生的"最近性"学材

教师应努力挖掘与学生生活有关的学习素材，引导学生通过现实生活素材来理解抽象的数学知识，同时将所学的数学知识、方法等应用于现实生活，尝试解决生活中的真实问题。数学结构化教学特别强调从"真实"情境中来，到"真实"问题中去，基于对学生学习和生活经验的了解和分析，整合教材资源，开发学材，创新设计教学活动和学习过程。

在教学"分数的意义"时，教师可以结合学生真实的生活情境，从测量黑板的长度引入，开发"变化的数尺"这一学材，从数尺上的分数到用数尺围成的图形中的分数，再到用数尺测量窗户的长度，结合数尺得到数轴上的分数，学生于"变"中求"不变"，转换连续而自然，抓住分数在不同方面的意义，既有联系又有区别，让学生真实而深刻地感受到分数的意义。

（二）创造促进思维发展的"冲突性"学材

学生在学习过程中，由于认知水平和能力的局限性，认知结构存在一定的缺陷，需要通过创设能引发学生认知冲突的问题情境，重建新的认知结构。结构化学材基于学习心理意义，选择恰当的时机，开发创造立体多元的"冲突性"工具技术，以揭示事物的矛盾或引起学生内心的冲突，动摇学生已有的认知结构的平衡状态，从而唤起思维、激发其内驱力。

在教学"分数的意义"时，可以设计由 16 个桃子图组成一个整体的学材，其中有 4 个桃子图是涂色的，让学生观察可以看到哪些分数，不同的学生看到不同的分数，从而产生认知冲突"16 个桃子图组成一个整体，虽然都有 4 个桃子图涂了色，但是为什么大家表示出的分数不一样呢？"接着让学生取走这 4 个桃子，思考取走的是全部桃子的几分之几；再取走 4 个桃子，取走的又是现有桃子的几分之几，让学生在思考中产生冲突，在冲突中思考，体会分数与单位"1"、平均分的份数和取走的份数都有关系。

（三）设计促进思维高阶的"变化性"学材

学生在教师提供的学材引导下，在拓展思维开放想象的变化情境中，感受知识与思维发展的融合过程，促进学生不断对变换知识体系的结构化理解。问题解决活动应该是开放的、真实的、师生能够共同置身其中的，而学材的开放程度与表征方式直接影响着学生学习数学和应用数学的行为活动、思维活动以及情感活动。

在教学"分数的意义"时，可以呈现一组人民币学材，先呈现一张1元人民币与2张摆放在一起的1元人民币，让学生观察能否想到分数；接着把2张1元人民币增加为5张1元人民币摆放成一行，再次观察，又想到什么分数。学生结合面值或面积模型，能很快用分数表示两者之间的关系。接下来，让学生合理推想1元人民币与10张1元人民币、1元人民币与20张1元人民币之间的关系……然后把5张1元人民币换成1张5元人民币，学生用分数来表示两者之间的关系。最后呈现10元人民币、20元人民币等，学生再次用分数表示两个量之间的关系。通过人民币币值的变化，人民币呈现方式的变化，让学生不断深入思考。学生不仅能结合币值或面积模型正确表示1元人民币与不同面值人民币之间的关系，还能拓展想象用分数表示不同面值人民币之间的关系。

第二节　结构化学材的使用

一、"分数的意义"结构化学材使用说明书（一）

苏教版小学数学教材把"分数的认识"有关内容分为两个阶段。第一阶段是三年级上册《分数的初步认识（一）》和三年级下册《分数的初步认识（二）》；第二阶段是五年级下册，主要涉及《分数的意义和性质》《分数的加法和减法》这两个单元。"分数的意义"是在三年级《分数的初步认识》单元的基础上，开展深入学习。"分数的意义"是整个《分数的意义和性质》单元内容的基础，在整个单元学习中起着统摄作用。

通过这一课的学习要让学生在积累丰富感性经验的基础上，结合具体操作深刻理解分数的意义。

为了帮助学生更好地理解分数的意义，需要对教材提供的学材——月饼图、长方形图、1 米、6 个圆组成的一个整体等进行改良和重组。一是增加贴近学生实际的学材，如袜子图、教室外面的收纳箱图等。二是改造学材，在关联环节利用好桃子图，让学生两次看图表示分数，一次是表示出看图看到的分数，二是表示出拿走 4 个桃子后出现变化的分数，感受单位"1"、平均分的份数、表示的份数都与分数密切相关。再结合数轴，沟通整数、分数、小数之间的联系，完善对数的认识。

（一）桃子图

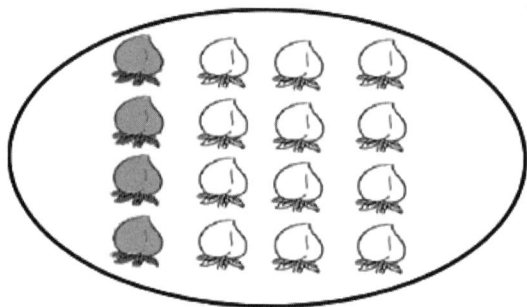

图 3-1

1. 在用分数表示涂色桃子的过程中，体会分数的意义，感受等值分数的存在

提供学材桃子图 3-1，先呈现 16 个桃子，让学生数有多少个？在桃子的外面加上一个圈，让学生思考可以把这 16 个桃子看作"1"吗？感受标准的变化，由"16 个"转换成"1"个。接着把其中 4 个桃子涂上颜色，让学生独立观察图，不同的学生可能看到不同的分数，让学生和同桌交流自己看到的分数。然后每人表示出自己看到的分数，写出的分数尽量和别人不同，能写出多少个就写出多少个，并在图上表示出来。在接下来的交流中，让学生感受到同样一幅图，表示的分数却不同，有 $\frac{1}{4}$、$\frac{2}{8}$、$\frac{4}{16}$ 等。学生在对比中感受"变"与"不变"，不变的是单位"1"、4 个涂色的桃子、

4个桃子与整体的关系，变化的分数、分数单位、平均分的份数、表示的份数。学生能观察到单位"1"是相同的，实际涂色的物体个数也是相同的，如果平均分成的份数不同，这4个桃子表示的份数也不相同，这样涂色部分表示的分数也不相同。让学生再次对比，有没有什么相同的地方？学生体会到都是4个桃子与16个桃子的关系，这几个分数的大小是相等的，初步感受等值分数，也为后续学习约分、通分做铺垫。

2. 在对比拿走4个桃子是拿走几分之几的过程中，感受单位"1"的重要性

在表示完分数后，继续观察刚刚学生表示 $\frac{1}{4}$ 的图，提问：如果把涂色的4个桃子取走，取走了全部桃子的几分之几？学生通过看图直接得出取走了全部桃子的 $\frac{1}{4}$。接着展示取走4个桃子后的图，如果再拿走4个桃子，拿走了剩下桃子的几分之几？学生观察图，很快得出拿走了剩下桃子的 $\frac{1}{3}$。对比两次拿桃的情况，都是拿走了4个桃子，为什么一个用 $\frac{1}{4}$ 表示，另一个用 $\frac{1}{3}$ 表示呢？学生通过对比感受，单位"1"的改变，平均分的份数的改变都会引起分数单位和分数的改变，进一步体会分数的意义。

（二）数轴

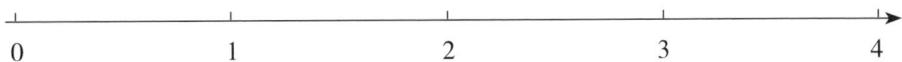

图 3-2

1. 在数数中感受计数单位的累加得到新的数

课前在学生数实际物体后出示数轴图3-2，"1"的累加可以得到什么？学生自然说出2、3、4……在数轴上表示出来，越往右表示得到的数就越大。在学生概括 $\frac{1}{4}$ 的含义后，让学生在数轴上找到 $\frac{1}{4}$，学生想到把0~1这段平均分成4份，一份就是 $\frac{1}{4}$。让学生看着数轴，还能找到四分之几，学生找到 $\frac{2}{4}$、$\frac{3}{4}$、$\frac{4}{4}$。结合学生找的过程，数里面有多少个 $\frac{1}{4}$，感

受分数单位的累加能得到新的分数，也可能得到整数，如 $\frac{4}{4}$ 就是 1。接着让学生思考会不会有 5 个 $\frac{1}{4}$？自然过渡到假分数的表达，体会数分数单位的个数能得到很多不一样的分数，如果分数单位是 $\frac{1}{4}$，数多少个 $\frac{1}{4}$ 得到的分数就是四分之几。让学生展开联想，如果分数单位是 $\frac{1}{5}$，那么数多少个 $\frac{1}{5}$ 得到的分数就是五分之几……体会分数单位的度量意义，培养度量意识。

2. 在用数轴表示数的过程中，沟通分数、小数和整数的联系，深化对分数意义的理解

在课的最后让学生回顾刚刚认数的过程，结合数轴再次数 1、2、3……把 0~1 这段平均分成 10 份，得到 $\frac{1}{10}$、$\frac{2}{10}$、$\frac{3}{10}$……也就是 0.1、0.2、0.3……对比 $\frac{2}{10}$、0.2、2 有什么相同的地方，学生想到 2 个 $\frac{1}{10}$、2 个 0.1、2 个 1 里都有 2 个计数单位，都是数计数单位的个数得到的，感受分数、小数、整数概念的一致性，都是计数单位的累加。

二、"分数的意义"结构化学材使用说明书（二）

分数的产生基于度量的需要，数（shǔ）分数单位的"个数"从而得到分数体现出分数是个"数"（度量数）的意义……这里的立足点是分数的产生，即量而有余。在这个理念下渗透"比率数"和"度量的意义"，可以设计如下学材：

（一）无刻度米尺测量长度

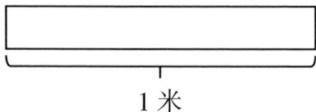

1 米

图 3-3

向学生呈现没有刻度的米尺（图 3-3），用这把米尺来测量黑板的长度。学生在测量之前会想到测量的结果有两种可能：量而无余、量而有余。如果是量而无余，那么得到的测量结果就是一个整数；如果是量而有余，学生就会想知道具体是多少，随之就会产生等分的需求。这里的学材是一把无刻度的米尺，学生最容易想到的是十等分（分米尺）、一百等分（分厘米尺）、三等分（市尺）。前者可以通过小数来表达，后者可以通过分数来表达。通过"无刻度米尺"这一学材的变化，在使用过程中自然体现了整数、分数、小数之间的关联。

（二）三等分刻度的米尺和三等分的圆形

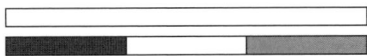 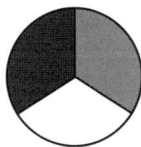

图 3-4　　　　　　　　　　　　　　图 3-5

这一工具和教材中的图有点类似，这里之所以选择平均分成 3 份，是与上面的米尺之间实现关联（图 3-4、图 3-5）。让学生体会不同的学材为什么都可以用 $\frac{1}{3}$、$\frac{2}{3}$ 来表示，在实际教学中可以通过操作实现"化直为曲""化曲为直"，进而帮助学生深刻体会一个具体分数的含义究竟是什么，体会分数的大小可以作为计数单位累加的结果。

具体可以如下操作：第一步化直为曲，把 1 米长的磁条围成一个圆柱形吸在黑板上，将不封闭的图形变成了封闭的图形——圆。这时 1 米的米尺就变成了　个近似的圆形，而米尺中对应的二等分也可以将圆平均分成三等分，这样学生理解 $\frac{1}{3}$、$\frac{2}{3}$ 也就更为直观，学生从圆形中能够看到 1 个 $\frac{1}{3}$，2 个 $\frac{1}{3}$，3 个 $\frac{1}{3}$，学生在数的时候就出现了分数的单位以及通过分数单位的累加体会分数的大小。同时借助这一学材还可以让学生猜想 4 个 $\frac{1}{3}$ 是什么样子，5 个 $\frac{1}{3}$ 是什么样子等，为后面教学假分数做好铺垫，同时培养学生的创造力和想象力。

第二步化曲为直，回到米尺中，把它贴在黑板上在右端加上"→"，这时就将数一段一段的数变成了一个数轴，给学生留下思考的空间。（图3-6）

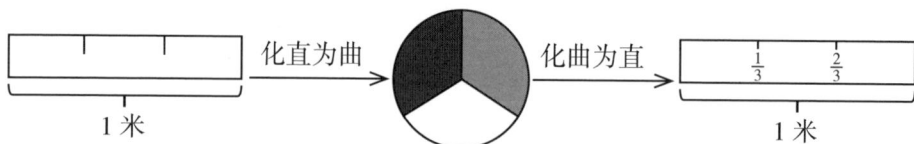

图 3-6

（三）人民币纸币

图 3-7

这里可以体现整数意义和分数意义的对应，比如1元1元地数，两个1元就是2元，这是一个一个地数，这里可以结合操作把两个1元连在一起，这时2元就是一个整体，那么1元就是其中的$\frac{1}{2}$。一个一个地数，5个1元就是5元，而把5个1元连在一起，这就是一个整体，1元就是其中的$\frac{1}{5}$。然后追问学生，为什么同样的1元在2元里，它是$\frac{1}{2}$；在5元里，它是$\frac{1}{5}$；在10元里，它是$\frac{1}{10}$……进而帮助学生建立群数的概念，理解分数。在比较人民币的过程中，借助面积这个"脚手架"，学生很容易理解全是1元面值的人民币组成的图形之间的关系。当若干张1元人民币变成不同面值的人民币时，学生依然可以借助面积关系进行比较，这就说明他们抓住了分数表示"率"的本质，也就是相同类的量之间的关系可以用分数表示。（图3-7）

（四）正方形面积图

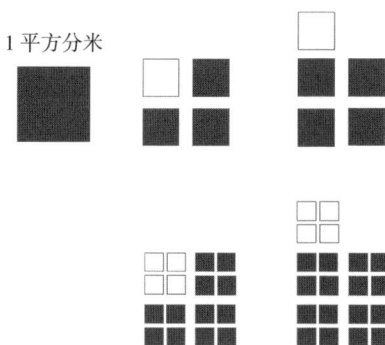

1平方分米

图 3-8

使用正方形面积图（图 3-8）的主要目的是通过不一样的图示来帮助学生进一步理解分数。教学时首先可以呈现熟悉的正方形，从正方形的均分中看出 $\frac{1}{4}$ 是很容易的，紧接着快速呈现 $\frac{1}{4}$（$\frac{4}{16}$）图片，学生就有了不同的回答，$\frac{1}{4}$ 和 $\frac{4}{16}$ 的辨析让学生感受到等值分数的存在。最后再回到正方形的均分，表征发生了变化，每一幅图都多了一个部分，这时还可以用 $\frac{1}{4}$ 表示吗？引发了学生对分数不仅可以表示整体和部分的关系，还可以表示两个不同部分之间的关系的思考。

（五）图形与数的变换图

通过图形与数的变换（图 3-9），能够实现知识（整数单位、分数单位、分数的意义）之间的循环。

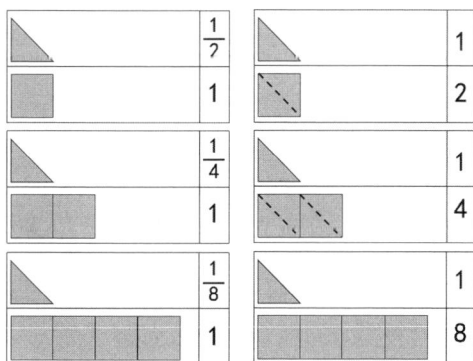

图 3-9

1.灵活的整数单位与分数单位

第一组学材以组块形式呈现。（1）如果一个三角形表示 $\frac{1}{2}$，那么一个正方形表示 1；如果一个三角形表示 1，那么一个正方形可以表示 2。

（2）如果一个三角形表示 $\frac{1}{4}$，那么 4 个这样的三角形（2 个正方形）才能表示 1；如果一个三角形表示 1，那么 4 个这样的三角形（2 个正方形）就可以表示 4。

（3）如果一个三角形表示 $\frac{1}{8}$，那么 8 个这样的三角形（4 个正方形）才能表示 1；如果一个三角形表示 1，那么 8 个这样的三角形（4 个正方形）就可以表示 8。

构建抽象、灵活的整数单位与分数单位，是学生构建分数度量意义过程中的主线。这一题组的设计既实现这一教学目的的同时，又能实现分数单位与整数单位之间的知识循环。

2.灵活的分数单位

分数单位的意义是把单位"1"平均分成若干份，其中的一份叫作这个分数的分数单位。在小学阶段中，依据分数概念的情境来区分，分数单位的内容大致可以分为两类：已知量和未知量。而分数单位内容物是已知量的又可分为：离散量（多个物）和连续量。教学时，要从单位"1"的意义角度帮助学生理解分数单位的实际大小不是固定的。

三、"分数的意义"结构化学材使用说明书（三）

结构化学材是从整体的视角，对所学内容进行系统化设计的立体式学习材料，既关注知识结构的关联，也关注认知结构、情意结构的关联。结构化学材助推学生同构性思维发展。同构性思维的核心是建立知识之间横向联系——通过类比，发现同构，关联方法，实现迁移。发展同构性思维与《义务教育数学课程标准（2022 年版）》中强调学科内容的一致性高度统一。一致性的实现是将零散的内容通过核心概念建立关联，形成有关学科的大概念、大观念，在这个过程中一定伴随着类比、关联和迁移等思维动作。例如，在教学中为学生提供两个图形（图 3-10），长方形和 12 个五角星，让学生充分经历把不同对象平均分、用分数表示其中一份或几份的活动过程，进一步体会分数与平均分的份数以及所要表示的份数之间的密切相关。

图 3-10

学生通过应用上述学材得到一些分数，在学生更加清楚地区分具体数量和份数关系的不同含义的基础上，引导学生用直线上的点表示得到的几个分数，初步实现平均分的对象由具体事物向自然数 1 的抽象，帮助他们初步感悟分数本质上就是自然数的基本单位 1 平均分的结果。数轴图（图 3-11）是帮助学生理解单位"1"的关键，这个过程本质上就是由具体的量概括出抽象的数的过程，帮助学生形成对分数概念更加清晰的认识。

图 3-11

接着，结合简单的测量活动，给学生提供一根已经被平均分成 10 份的 1 米纸条，去测量另一根纸条的长度。引导学生用不同的数表示不是整米数的纸条长度，帮助他们在操作和交流的过程中逐步认识到：当用米作单位进行测量得不到整数结果时，需要把"米"这个单位继续进行平均分——如果平均分的份数是 10 份，这样的 1 份可以用分数或小数表示；如果平均分的份数不是 10 份，这样的结果用分数表示更方便（图 3-12）。借助 1 米纸条这个结构化学材，除了平均分成 10 份，还能平均分成 5 份，用不同的分数来表示长度。这样的结构化学材，不仅使单位"1"的含义更加充实，而且也使分数和小数的意义得以关联，突出了分数单位的意义和价值，有助于学生把握有关数的认识的整体性。

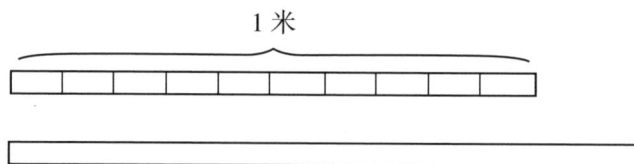

图 3-12

综上所述，结构化学材就是学生思维发展的有力支架，能帮助学生把分数意义的相关核心概念学得更清晰、更深刻、更全面和更合理。结构化学材有助于学生从不同角度丰富对单位"1"和分数单位等重要概念的理解，也有助于他们逐步提升对分数意义的认识水平，促进认知结构的建立和完善。

四、"分数的意义"结构化学材使用说明书（四）

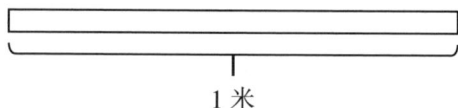

1 米

图 3-13

（一）均分无刻度米尺，由测量体会用分数表示数

课的开始用无刻度的米尺（图 3-13）测量黑板的长度，根据生活经验学生自然能想到可能会有两种情况产生，有时候测量得到的刚好是整米数，有的时候不是整米数。如果不是整米数怎么能得到较为精确的测量结果呢？学生自然想到用更小的长度单位，均分无刻度米尺，在实际使用分米尺、厘米尺测量时，有时也不一定能得到准确的测量结果，学生想到继续细分，在实际的测量过程中体会分数、小数产生的必要性。这时学材由无刻度米尺逐步变成用更细小的单位作为标准的尺子，用更小的标准去度量得到新的更为准确的结果。

（二）改造无刻度米尺，多元表征理解分数的意义

无刻度米尺除了能够度量，还可以帮助学生建立分数 $\frac{1}{3}$ 的模型，当把无刻度米尺平均分成 3 份，结合 1 米 =3 尺，得到一尺就是 $\frac{1}{3}$ 米。再将这把无刻度米尺上的三份分别涂上不同的颜色，对尺子进行改造，通过围成一圈得到一个近似的圆形，折成一个等边三角形，一个正六边形等，通过不同颜色的 1 尺，找到 1 尺与围成图形周长的关系，每份都是周长的 $\frac{1}{3}$。这时的思考停留在"线"的角度，不论围成的图形是什么形状的，都是把周长平均分成 3 份，每尺都是 $\frac{1}{3}$ 米，也都是周长的 $\frac{1}{3}$，体会分数既可以表示一个具体的量，也可以表示 1 尺与 1 米的关系。接着启发学生思考"面"的角度，围成的图形里面的空白部分也可以等分成 3 份，每份面积都是这个图形面积的 $\frac{1}{3}$。观察等分的正六边形，有的学生还可以把它看成一个正方体，涂色的 3 个面的面积是相等的，每份都是这 3 个面面积的 $\frac{1}{3}$。

当学生建立了 $\frac{1}{3}$ 的分数模型后，可以深入利用面积模型，如果这三等份是空白的，每份里面放 1 个桃子，每个桃子是不是这个整体的 $\frac{1}{3}$？除了放桃子，里面还可以放什么？让学生展开想象，里面平均分的物体是任意的，可以是实际物体桃子等，也可以是小圆等。接着，让学生深入思考每份物体的个数是不是只能是 1 个？可以是几个？学生打开思路，许多物体组成的一个整体，物体的个数可以是多个，每份物体的个数会发生改变，但每份物体与整体的关系不变。当然这里物体的个数也可以是 1 个，这一个可以是真实的物体，也可以是 1 米，也可以是 1 千克……最后让学生体会，只要把单位"1"平均分成 3 份，表示其中的一份就是它的 $\frac{1}{3}$。

第四章　学程设计

　　小学数学结构化教学设计的核心是学程设计，学程设计时要综合考虑知识结构、认知结构、学的结构、教的结构和思维结构，以思维结构的发展为主轴，从不同维度构建多维空间，让"教—学—评"融为一体，促进学生核心素养的形成。备课轴的设计体现了教与学不可分的科学理念，教是手段，学是目标。有目标的学习过程，所要学习的内容都是将非任意的方式与认知结构中现有的观念关联在一起，进而获得新的意义，换句话说，新意义是新的教学材料与学习者现有的知识结构中的相关观念之间的一个积极的、综合交互作用的产物，这样的学习过程需要精心设计。首先认知结构是根本，同化与顺应不同的学习方式，引发上位和下位学习，引导学生经历科学的认知过程；其次知识结构是基础，课时、单元、跨领域知识结构融为一体，形成立体系统；再次教学结构是主体，基于学的结构设计教的结构；最后思维结构是目标，遵循直观、程序、抽象、形式思维的发展规律，在主干大问题驱动、认知活动促进下，激发学生学习自然进阶。

第一节　以学材为中心的备课轴设计

一、"分数的意义"结构化教学备课轴设计与说明（一）

　　"分数的意义"一课，是学生对分数意义的再探究。在以往的学习过程中，学生已经初步感受过分数的概念，认识过一个物体或者一个整体的几分之一及几分之几，现在要在此基础上更进一步抽象、概括，探究本质，建立模型，感受分数更加丰富的内涵和存在价值，是本课的学习目标所在。

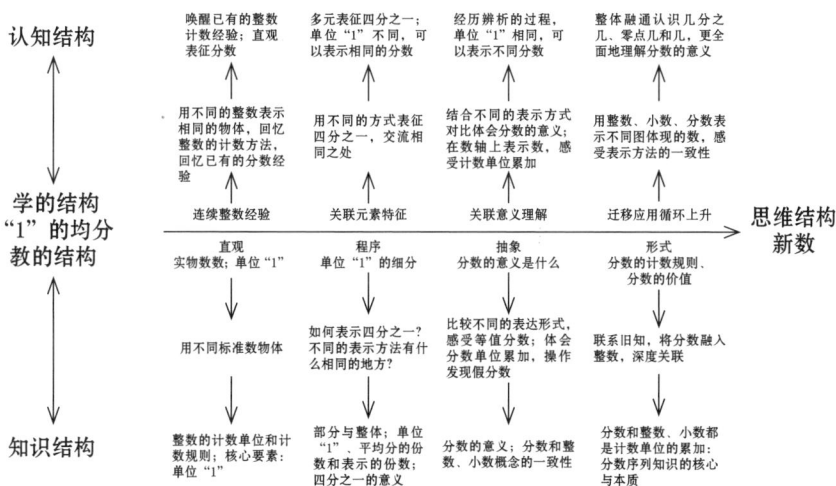

图 4-1

认知结构

唤醒已有的整数计数经验；直观表征分数

多元表征四分之一；单位"1"不同，可以表示相同的分数

经历辨析的过程，单位"1"相同，可以表示不同分数

整体融通认识几分之几、零点几和几，更全面地理解分数的意义

用不同的整数表示相同的物体，回忆整数的计数方法，回忆已有的分数经验

用不同的方式表征四分之一，交流相同之处

结合不同的表示方式对比体会分数的意义；在数轴上表示数，感受计数单位累加

用整数、小数、分数表示不同图体现的数，感受表示方法的一致性

学的结构 "1" 的均分
教的结构

连续整数经验

关联元素特征

关联意义理解

迁移应用循环上升

思维结构 新数

直观
实物数数；单位"1"

程序
单位"1"的细分

抽象
分数的意义是什么

形式
分数的计数规则，分数的价值

用不同标准数物体

如何表示四分之一？不同的表示方法有什么相同的地方？

比较不同的表达形式，感受等值分数；体会分数单位累加，操作发现假分数

联系旧知，将分数融入整数，深度关联

知识结构

整数的计数单位和计数规则；核心要素：单位"1"

部分与整体；单位"1"、平均分的份数和表示的份数；四分之一的意义

分数的意义；分数和整数、小数概念的一致性

分数和整数、小数都是计数单位的累加；分数序列知识的核心与本质

图 4-1

由图 4-1 中的结构化教学备课轴设计可看出，整个教与学的过程以计数单位的累加为核心贯穿始终，基于学生"连续、关联、循环"的认知序列，紧扣教学的本质，设计了四个具有连续性和层级性的教与学活动。选择贴近学生实际的数实际的物体的经验情境，提供了桃子图和数轴等结构化学材，让学生经历自主探究、合作交流、迁移类比、推理抽象等过程。在学习过程中，单位"1"和"计数单位"等核心要素得以体现，学生的思维结构水平得到进阶。

《义务教育数学课程标准（2022 年版）》指出："教学活动应注重启发式，激发学生学习兴趣，引发学生积极思考，鼓励学生质疑问难，引导学生在真实情境中发现问题和提出问题，利用观察、猜测、实验、计算、推理、验证、数据分析、直观想象等方法分析问题和解决问题；促进学生理解和掌握数学的基础知识和基本技能，休会和运用数学的思想与方法，获得数学的基本活动经验；培养学生良好的学习习惯，形成积极的情感、态度和价值观，逐步形成核心素养。"为了更好地促进学生核心素养的形成，"分数的意义"结构化教学备课轴设计体现了逻辑的教与学的路径：

首先，联系学生已有经验，数袜子、数收纳箱，唤醒学生已有的整数计数经验，结合生活中"一双""一行""一列"等标准，确立数数时标准不一样，也就是"1"不同，在数相同物体时，数出的个数就会不同。其次，结合学生已有的认识分数的经验，关联分数的本质特征，在学生多元表征 $\frac{1}{4}$ 的基础上，抽象概括出 $\frac{1}{4}$ 的意义，体会单位"1"虽然不同但可以表示相同的分数。接着，让学生操作结构化学材"桃子图"，对比体会单位"1"相同但表示的分数却不相同，体会分数与单位"1"、平均分成的份数、表示的份数有关。最后，通过"数轴"这一纯数学化的学材，让学生整体认识整数与分数，体会分数与整数、小数是一样的，都是由一个一个计数单位累加而来的，可以无限累加下去。累加的结果还可能得到假分数，从而更好地理解分数单位及分数的计数，也初步感受某些特殊情况下，分数还可以用整数表示。"数轴上的分数"这一载体就是通过在已有知识模型上进行新知识结构改造与意义建构，促进学生形成新知识的循环上升结构，从而对分数有更深入的理解。

二、"分数的意义"结构化教学备课轴设计与说明（二）

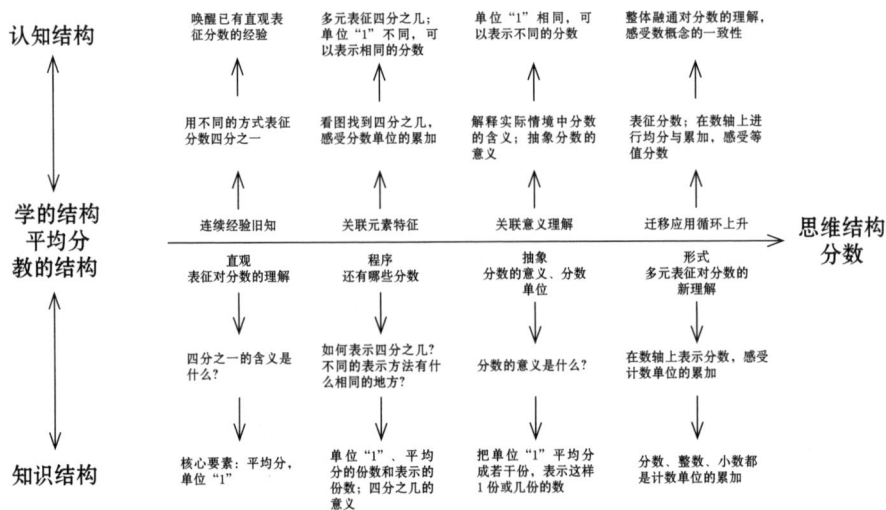

图 4-2

由图 4-2 中的结构化教学备课轴设计可看出，教与学的过程是结合学生的实际学情展开的，引导学生经历连续、关联和循环环节的活动，经历直观表征、类比推理、抽象表达等活动，让学生不断形成并完善对分数意义的认识与理解。学习活动从学生已有的知识经验出发，让学生把新旧知识在对比中融合，达到对分数意义比较全面的、整体性的认识。

让学生联系已有经验，在具体的情境、程序和过程中完成概念建构，再逐渐将它通过语言概括抽象为数学概念，进一步理解符号和概念的本质。学生的认知经历这样的过程：结合原先对分数（表征分子是 1 的分数）的理解认识单位"1"，借助单位"1"理解生活中具体情境中某个分数的意义，归纳出分数的意义并认识分数单位，体会分数单位的累加，最后让学生再次表征对分子不是 1 的分数的理解，帮助学生建立属于自己的分数模型。课始，让学生回忆 $\frac{1}{4}$ 的含义，有助于学生更好地建构分数概念。教师在教学时从学生作品中选出多种表征形式的作品（设计有关连续量、离散量表征的作品等），让学生操作具体物品或图形进行均分，表示各种图形、线段中的分数，用语言概括分数，用数学符号来表征分数等。学生之间交流，将多种表征形式相结合，从直观到抽象，逐渐在头脑中建立抽象的分数概念。学生通过实践活动，理解连续量与离散量的关联。学生对比丰富的表征形式，逐步剔除情境因素，概括出分数的意义。紧接着让学生把抽象的概念回归生活实际，去解释生活中分数的意义，在解释的过程中体会分数的实际价值，同时感受用分数表达所带来的新信息。基于学生课前、课中的实际学习情况，允分利用教材中的练习，让学生再次表征分数，调动积累的经验，多角度展示自己的理解，建立属于自己的模型结构。让学生结合抽象的数轴来体会等值分数与分数单位的累加，适当改变教材上的练习形式，让不同学生在用分数表示同一个点的过程中感受等值分数的存在。借助数轴，感受分数单位的累加可能得到整数，与整数建立联系，还可能得到分子比分母大的假分数。

三、"分数的意义"结构化教学备课轴设计与说明（三）

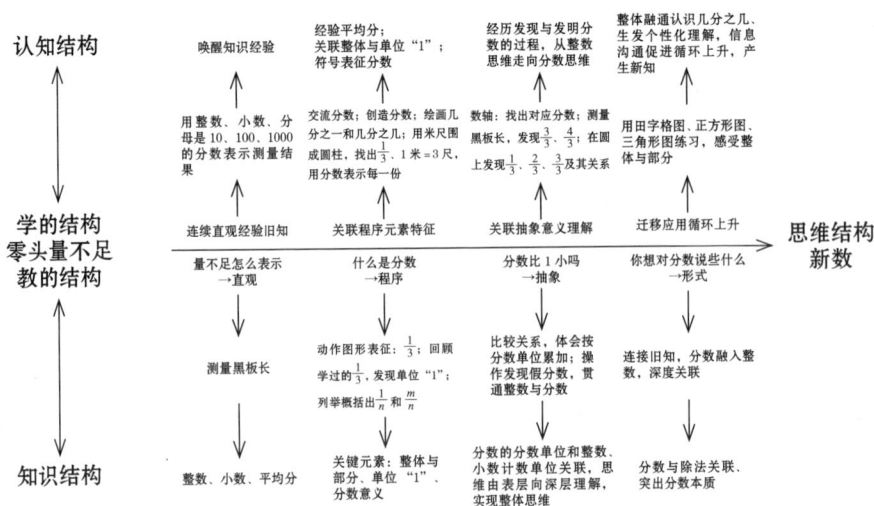

分数的意义

认知结构

| 唤醒知识经验 | 经验平均分；关联整体与单位"1"；符号表征分数 | 经历发现与发明分数的过程，从整数思维走向分数思维 | 整体融通认识几分之几、生发个性化理解，信息沟通促进循环上升，产生新知 |

用整数、小数、分母是10、100、1000的分数表示测量结果 ｜ 交流分数；创造分数；绘画几分之一和几分之几；用米尺围成圆柱，找出$\frac{1}{3}$，1米＝3尺，用分数表示每一份 ｜ 轴数：找出对应分数；测量黑板长，发现$\frac{3}{3}$、$\frac{4}{3}$；在圆上发现$\frac{1}{3}$、$\frac{2}{3}$、$\frac{3}{3}$及其关系 ｜ 用田字格图、正方形图、三角形练习，感受整体与部分

学的结构 / 零头量不足 / 教的结构

连续直观经验旧知 ｜ 关联程序元素特征 ｜ 关联抽象意义理解 ｜ 迁移应用循环上升　　**思维结构 新数**

量不足怎么表示→直观 ｜ 什么是分数→程序 ｜ 分数比1小吗→抽象 ｜ 你想对分数说些什么→形式

测量黑板长 ｜ 动作图形表征：$\frac{1}{3}$；回顾学过的$\frac{1}{3}$，发现单位"1"；列举概括出$\frac{1}{n}$和$\frac{m}{n}$ ｜ 比较关系，体会按分数单位叠加；操作发现假分数，贯通整数与分数 ｜ 连接旧知，分数融入整数，深度关联

知识结构

整数、小数、平均分 ｜ 关键元素：整体与部分、单位"1"、分数意义 ｜ 分数的分数单位和整数、小数计数单位关联，思维由表层向深层理解，实现整体思维 ｜ 分数与除法关联，突出分数本质

图 4-3

由图 4-3 中的结构化教学备课轴设计中可以看出，教与学过程沿着"量不足怎么表示"开始不断等分产生"新数"这一主线展开，基于学生"连续、关联、循环"的认知序列，设计了四个连续相对应的教与学的活动，引导学生置身于熟悉的学习和生活情境中，联系已有的生活经验和知识，用整数与小数及分母是10、100、1000的分数表示测量的结果，有效地利用具有结构化特点的学材，经历独立思考、动作表征、图形表征、合作探究、讨论交流、辨认明晰、类推迁移的过程，并在不同的情境、生活现实问题中运用与发展。

在"分数的意义"结构化教学备课轴中，设计学习过程时，先将隐藏丰富的生活事实用数学化的方式组织起来，凸显数学特质。选取生活中常见的实物（米尺、圆形等）唤起学生丰富的体验，让学生结合 1 米 ＝ 3 尺来认识分数 $\frac{1}{3}$，把软尺围成近似的圆形，感知圆的面积、圆心角、圆的周长都被平均分成了 3 份，可以得到从不同角度理解的 $\frac{1}{3}$；其次，用层次性的活动推进研究的过程，凸显分数本质。通过活动和以往分数的初步认识的学习建立联系，回顾已经学习过的分数的知识，通过对比深

入理解 $\frac{1}{3}$。把米尺转换成数轴，在数轴上找若干个 $\frac{1}{3}$ 的过程，顺利理解 4 个 $\frac{1}{3}$ 即 $\frac{4}{3}$ 等假分数，在数计数单位的过程中感受计数单位的累加能产生新的分数。最后，用思维演绎统摄概念学习的全过程，凸显模型意识。利用直观的方式让学生观察得到图形之间的关系，借助同一图形与不同图形之间的关系，体会建立标准的重要性。分数在生活中非常常见，但是学生却不会关注到其存在的合理性。在学习"分数的意义"时，引入数轴，进一步地把整数、小数纳入进来，将其从数的角度统一成一个更大的整体，只有这样才能达到从数学的角度深刻理解分数意义的目的。

四、"分数的意义"结构化教学备课轴设计与说明（四）

"分数的意义"一课，是学生对分数意义的再探究。在以往的学习过程中，学生已经认识了一个物体的几分之几、几个物体组成的一个整体的几分之几，这些认识让学生感受到分数产生的意义。本课时在学生已有经验的基础上，强化分数是表示部分和整体之间的关系，表示份数之间的关系，在此过程中学生通过比较，认识单位"1"，概括出分数的含义，明晰分数各要素间的关系，能在充分理解的基础上，从数学角度表达生活中分数所表示的意义，是本课的学习目标。

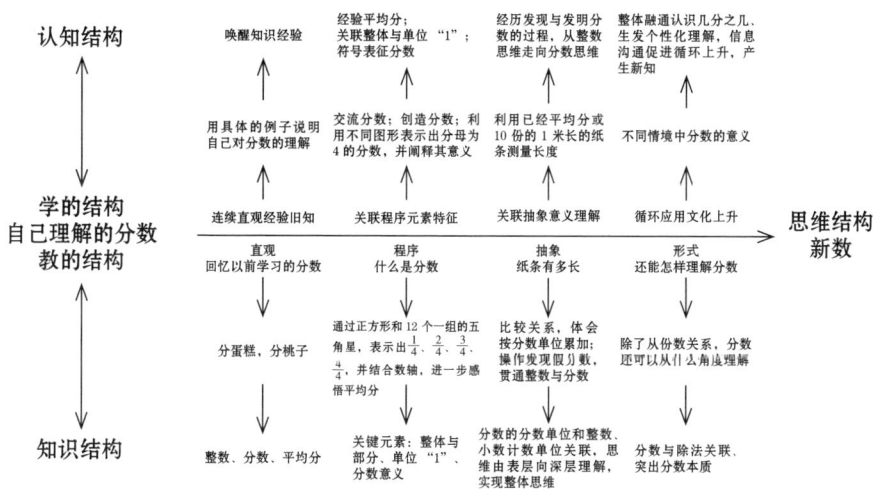

图 4-4

由图4-4中的结构化教学备课轴设计中可以看出，教与学过程沿着学生已有的分数知识经验出发，基于学生"连续、关联、循环"的认知序列，设计了4个连续相对应的教与学的活动，引导学生置身于熟悉的学习和生活情境中，联系已有的生活和知识经验，有效、高效地利用具有结构化特点的学材，经历独立思考、动态操作、个性表征、合作探究、讨论交流、辨认明晰、类推迁移的过程，并在不同的情境、生活现实问题中运用与发展。这样的学习过程，学生思维不断在具象与抽象中循环往复，螺旋上升，最终达到了突破原有认知、拓展知识结构、丰富思维方法、提升数学素养的目的。

从整数到分数，是数学发展史上非常重要的事件，它标志着人们对事物的认识更加全面了，"从事物的数目转到了事物的量度，从可数事物的讨论转到了可量度事物"。随着数学的发展，人们对分数的使用越来越广泛，对分数本质的认识也越来越深刻。本课时主要强调分数的份数定义，这里要弄明白"把谁平均分？""平均分后分的总份数和取的份数与新学习的分数之间有什么联系？"等问题，本课时中"把谁平均分？"是个关键，即单位"1"的学习。因此，抓住本节课的核心元素其实不难，难的是学生能够基于图形直观表征，把一个物体或许多物体组成的整体平均分成若干份，用分数表示其中的一份或几份；如果改用文字表征，把一个物体或许多物体组成的整体平均分成若干份，用分数表示其中的一份或几份，学生做起来会比较困难。从学生的角度出发，学生很难把一个物体或许多物体组成的整体抽象成单位"1"。学生知道分子、分母，能借助直观说出分母表示平均分的总份数，分子表示取的份数，容易理解分数是表示部分量和总体量之间的倍比关系，但不容易理解分数表示任意两个量之间的倍比关系。所以在组织这部分内容的教学时，一方面要让学生充分经历把不同对象平均分、用分数表示其中一份或几份的活动过程，并逐步完成将平均分的对象由具体事物抽象为自然数基本单位的过程；另一方面，也要通过一些合适的活动引导他们发现并提出更多的问题，从而为分数内涵的进一步拓展提供必要的支持。

五、"分数的意义"结构化教学备课轴设计与说明（五）

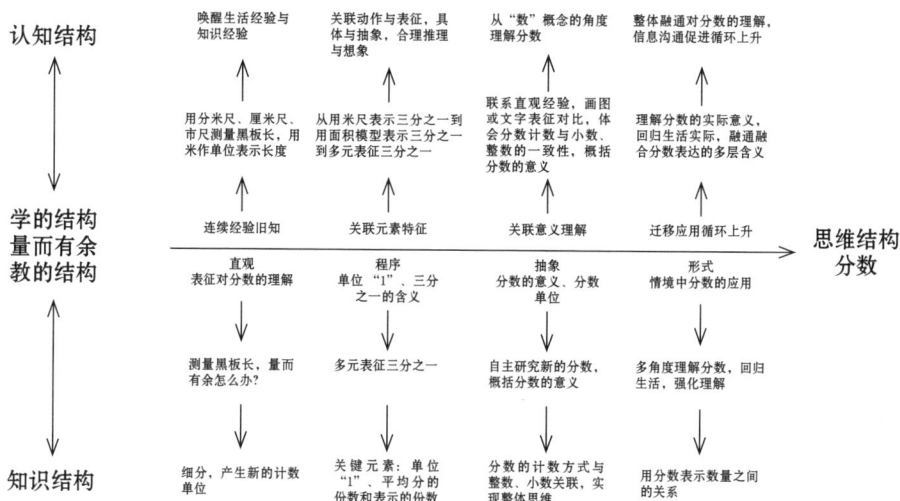

认知结构

唤醒生活经验与知识经验 | 关联动作与表征，具体与抽象，合理推理与想象 | 从"数"概念的角度理解分数 | 整体融通对分数的理解，信息沟通促进循环上升

用分米尺、厘米尺、市尺测量黑板长，用米作单位表示长度 | 从用米尺表示三分之一到用面积模型表示三分之一到多元表征三分之一 | 联系直观经验，画图或文字表征对比，体会分数计数与小数、整数的一致性，概括分数的意义 | 理解分数的实际意义，回归生活实际，融通融合分数表达的多层含义

学的结构
量而有余
教的结构

连续经验旧知 | 关联元素特征 | 关联意义理解 | 迁移应用循环上升

思维结构
分数

直观
表征对分数的理解 | 程序
单位"1"、三分之一的含义 | 抽象
分数的意义、分数单位 | 形式
情境中分数的应用

测量黑板长，量而有余怎么办？ | 多元表征三分之一 | 自主研究新的分数，概括分数的意义 | 多角度理解分数，回归生活，强化理解

知识结构

细分，产生新的计数单位 | 关键元素：单位"1"、平均分的份数和表示的份数 | 分数的计数方式与整数、小数关联，实现整体思维 | 用分数表示数量之间的关系

图 4-5

由图 4-5 中的结构化教学备课轴设计中可以看出，整个教与学的过程以分数模型的建构这一核心贯穿始终，基于学生"连续、关联、循环"的认知序列，紧扣教学的本质，设计了四个具有连续性和层级性的教与学活动。

联系学生已有的生活经验和知识经验，让学生在实际的测量活动中思考量而有余怎么办？出现了无法再用整数来表示测量的结果，这时需要引进一种新的数。在用一个标准去测量的时候，有几个这样的标准就可以用数字几来表示，不足一个标准，就可以用一个分数来表示。让学生的直观经验与理性思维相结合，让学生在细分无刻度米尺的过程中与市尺建立联系，由 1 米 =3 尺，想到 1 尺 = $\frac{1}{3}$ 米，用分数来表达不足 1 米的长度，表示一个具体的量。接着结合市尺，让学生围、折，把一条"线"围成一个"图形"，借助标注不同颜色的 1 尺，找到 1 尺与图形周长之间的关系，找到 $\frac{1}{3}$ 不一样的表征方式，体会分数可以表示具体的量，也可以表示部分与整体的关系。然后结合围成的图形的面积模型，从面积的角度认识

$\frac{1}{3}$，对比学生课前测量中对 $\frac{1}{3}$ 的理解，丰富学生的表征形式，不断找到 $\frac{1}{3}$ 的本质，同时积累数学活动经验。学生逐步忽略事物形式上的差异，以数学化的思维概括事物，进一步探究分数的本质意义，突出模型意识。在关联环节，设计自主探究的活动，让学生利用前面所学的知识去自主表征其他的分数，在自我尝试的过程中感受画图的直观和文字的概括性，深入理解分数的意义。最后，回归现实，促进元认知水平循环上升。回到现实生活中，小正方形之间的关系和不同人民币之间的关系，面积模型的多次应用，让学生理解分数可以表示部分与整体的关系，也可以表示两种量之间的关系，从而让学生在完善认知结构，循环应用新知的过程中形成积极的情感，促进数感以及相关综合核心素养的提升。

第二节　以认知过程为中心的"3×3"备课

一、"分数的意义""3×3"备课的网格设计与说明（一）

"3×3"表格设计在"连续—关联—循环"各环节中关照情境、活动和评价，形成富有丰富内涵的实操性行动手册，指引师生成为学习共同体，共同经历深度学习的过程。"分数的意义"课堂教学的具体活动，可以用表 4-1 呈现。

表 4-1 "分数的意义""3×3"表格（一）

	情境任务	活动体验	评价反思
连续	经验情境： 1. 回顾自己在生活和数学中数数的场景，体会实际数数时有各种不同的"1"，说明对它的理解。 2. 回顾在数轴上表示整数的方法，引发细分需求。 3. 利用已有分数知识经验，认识单位"1"，理解 $\frac{1}{4}$ 的含义。	直观感知： 1. 结合生活经验数袜子，一只一只的数，一双一双的数，感受"1"的标准。 2. 在数轴上数一数，感受"1"的累加得到整数，引发思考："1"的均分得到分数、小数。 3. 联系学习经验，多元表征 $\frac{1}{4}$，学生对比、分析，理解 $\frac{1}{4}$ 的含义。	教师主导： 能将分数的意义、整数的意义、小数的认识过程联系起来，顺利引发新知识的学习。

	情境任务	活动体验	评价反思
关联	互动情境： 4. 利用同一学材表征不同的分数，找到同与不同。 5. 结合拿走桃子的情境，理解虽然都表示1份，但随着单位"1"和平均分的份数的变化，分数也会发生变化。 6. 结合数轴数分数单位，在数轴上表示不同的分数。	互动交流： 4. 对学材桃子图进行创造，独立表征对分数的理解，结合小组、全班交流，在比较、思辨、评价中，自主建构分数的意义。 5. 对学材桃子图进行再创造，通过单位"1"的变化，完善分数意义的建构。 6. 在数轴上再数一数，由真分数延伸至假分数，感受分数单位的累加。	师生互动： "你能找到哪些分数？" "分数的意义是什么？"等核心问题进行积极互动，概括分数的含义，融通整数、分数之间的内在关联。
循环	实践情境： 7. 将生活中的多个物体看作单位"1"后，从新角度看到不同的分数。 8. 用数表示方格图、十等分图、均分图，在整数、小数和分数计数方法上建立联系。 9. 对比数轴上的2、0.2和$\frac{2}{10}$，找到计数的相同之处。	迁移运用： 7. 结合实际情境，从新的角度数收纳箱，丰富对分数意义的认识。 8. 体会整数、小数和分数概念的一致性：都是计数单位的累加。 9. 结合数轴，体会分数、小数、整数表示数的相同之处。	学生主体： 能运用所学分数的有关知识，解决生活中的简单实际问题，体会用分数表达的便捷性与准确性。

　　"3×3"结构化备课将学生的认知序列、情境认知、活动体验与评价反馈进行有机融合，统整优化，从而促进学生知识结构、情意结构和思维结构的协调发展。在连续环节唤起学生的生活和知识经验，让学生具备建构新概念的基础。此环节可以创设贴近学生生活实际的真实情境，将学习放到学生身边，教师为学生的学习搭建一个梯子。让学生在用不同的标准数袜子、数收纳箱过程中，感受生活中数数因标准的不同会得到不同的结果。关联环节要遵循学生的认知发展规律来开展活动，让学生经历独立思考、动手实践、合作交流等环节，从直观表征逐步过渡到抽象表达，再回归具体实际来解释，不断提升抽象概括能力。循环环节既要关注迁移应用，又要关注创新实践。让学生利用课堂上所学的知识进行迁移与运用，

解决生活中的实际问题。在解决问题中建立知识结构，从整体上把握学习内容，形成新的理解。"分数的意义"的核心概念可以是"平均分""单位'1'""分数单位"等，围绕核心概念在连续环节体会单位"1"标准建立的重要性，单位"1"不同时数相同物体得到的个数不同，单位"1"不同却可以表示相同的分数；在关联环节体会单位"1"相同但分数单位及分数不一定相同，单位"1"不同可能分数也不相同；在循环环节体会分数单位的累加能得到很多不同的新的分数，整数、小数计数单位的累加也可以得到很多不同的数。从不同角度理解分数，建构分数模型，与整数、小数相联系，不断完善对数的认识。

二、"分数的意义""3×3"备课的网格设计与说明（二）

表4-2 "分数的意义""3×3"表格（二）

	情境任务	活动体验	评价反思
连续	经验情境： 1. 回顾以往认识分数的过程，从已有的分数知识出发，自主表征对 $\frac{1}{4}$ 的理解。 2. 对比学生作品，提炼不同作品的相同特征。	直观感知： 1. 直接出示 $\frac{1}{4}$，让学生写一写、画一画、折一折表示它的含义，通过表征唤醒经验，激发学习动机。 2. 让学生交流自己表征的 $\frac{1}{4}$，感受平均分的对象不同，相同之处都是在平均分成4份，表示这样的1份。结合学生作品，认识四分之几，结合直观图感受分数单位的累加。	教师主导： 是否让新知的感知、思维和情意与已有知识经验结构、思维结构和情意结构产生连续，学习是否真实发生。
关联	互动情境： 3. 出示真实生活信息，解释具体情境中的分数。 4. 认识单位"1"、分数单位，揭示分数的意义。	互动交流： 3. 独立思考实际情境中分数的含义，交流分数所传递的新的信息。 4. 组内交流，抽象概括分数的意义，认识单位"1"和分数单位。	师生互动： 是否让师生进行积极互动，融通整数、小数、分数的内在关联。是否达到"教结构—学结构—用结构"的自然融通。

	情境任务	活动体验	评价反思
循环	实践情境： 5. 看图写分数，多角度思考。 6. "数轴"模型融通小数、分数与整数。 7. 多元表征分数，进一步理解分数的意义。	迁移运用： 5. 观察，写出涂色和空白部分表示的分数，对比体会分数单位相同，体会两部分分数的和是1。 6. 说说数轴上的点可以用什么数来表示，并阐述理由。感受"数"是由几个"计数单位"组成的，培养数感这一关键核心素养，融通融合分数、小数与整数的联系。 7. 基于对分数意义的新理解，由概括回归具体，借助画图、文字等方式表征分数的意义，多角度理解分数。	学生主体： 是否以学生为主体，放手让学生自主探究、合作交流、实践应用，实现让小数意义的知识结构、方法结构和思想结构的迁移应用、循环上升。

如表 4-2 所示，连续环节选择了让学生应用已有的分数知识表征 $\frac{1}{4}$，调动学生的已有经验，让学生在对比不同的作品的过程中产生进一步探究的心向。分数的意义在连续环节需要明确"平均分"，展示学生平均分和没有平均分的作品，让学生描述自己表示的分数，强调表示分数的前提就是将一个物体或一个整体"平均分"。让学生找出这些分数的相同点和不同点，在原有认识的基础上进行学习迁移，从具体走向概括，找到 $\frac{1}{4}$ 这个分数的本质特征。

在关联环节，要从概括 $\frac{1}{4}$ 的意义转换为具体的表征某个分数的意义，促进学生对单位"1"、分数单位、分数意义概念的理解，完善分数意义的认知结构。让学生解释现实生活中含有分数的信息，体会单位"1"的丰富性，感受平均分的份数是多变的，表示的份数也不一定相同。学生经过大量感性经验的积累，再次抽象出分数的意义。

在循环环节，让学生迁移应用课堂上所学习的知识，也要关注学生创造力的培养。让学生看图填写分数，结构化横向融合所学的知识，从同一幅图看到不同的分数，同一幅图表示的分数的单位"1"和分数单位都是相同的，不同的是分数单位的个数。借助数轴，对整数的计数单位和分数计数单位的勾连，进一步抓住数的本质，都是计数单位的累加。

借助数轴，学生能用分数单位的累加得到等于 1 和大于 1 的假分数。最后结合书上的表征 $\frac{2}{3}$ 的画图题，让学生自己再次从其他角度自主表征 $\frac{2}{3}$，学生利用图、文字、语言等多种表征方式表达对分数的认识，构建起分数多个元素间的关联，产生深刻的思考，实现方法上的循环上升。结合对比表征的 $\frac{2}{3}$ 和 "$\frac{2}{3}$ 小时"，感受分数的多种含义，结合实际理解分数既可以表示两个量的关系，也可以表示具体的量。

三、"分数的意义" "3×3" 备课的网格设计与说明（三）

表 4-3 "分数的意义" "3×3" 表格（三）

	情境任务	活动体验	评价反思
连续	经验情境： 1. 测量黑板长，量两次后猜长度（自然数、小数），说说自然数、小数的小数部分的意义。 2. 把 "1 米" 十等分后再量黑板，量有零头怎么表示？把 "1 米" 百等分后来量，还有零头又怎么表示？	直观感知： 1. 出示 1 米直条，量黑板的长边，一次、两次，语言配合想象 3 米…… 2. 反面展示米尺十等分后的 10 分米，语言配合想象，1 米还等于 100 厘米，1000 毫米，想象等分 100 份、1000 份。用细分的米尺测量黑板的长度，直观感受量而有余后不断细分追求准确度的过程。	教师主导： 是否让新知的感知、思维和情意与已有知识经验结构、思维结构和情意结构产生连续，学习是否真实发生。
关联	互动情境： 3. 1 米 = 3 尺。 4. 分数的学具创造：由点到线、线到面，面到体，找到 $\frac{1}{3}$，并说出意义，感受单位 "1"。 5. 创造分数：几分之一及几分之几。比较、概括分数的意义及单位 "1"。	互动交流： 3. 先正面展现 1 米，后反面展现 3 尺，1 米被等分了 3 份（三种不同颜色分别表示每一份）。 4. 把 3 尺的直条卷成圆，放入圆盒，圆盒吸在黑板上；中心点连接 3 个等分点，底面出现等分的 3 种不同颜色；盒子拉长成体，直观感受 1 个圆柱平均分成了 3 份。 5. 研究学习单：创造不同的分数，并交流，主动获得分数意义。	师生互动： 是否让师生紧紧围绕等分进行积极互动，融通整数、小数、分数的内在关联。是否达到 "教结构—学结构—用结构" 的自然融通。

	情境任务	活动体验	评价反思
关联	6. 在圆上找出 $\frac{1}{3}$ 与 $\frac{2}{3}$、$\frac{3}{3}$ 的关系，分数单位的意义。 7. 回归米尺情境：取下米尺，拉直，变为数轴，找出 $\frac{1}{3}$、$\frac{2}{3}$、$\frac{3}{3}$、$\frac{4}{3}$ 等。	6. 在三等分圆中找出不同的分数，体会分数单位的累加。比较自然数、小数的计算单位。 7. 数轴：找出相对应的分数，后面还有数吗？所有的整数都可以转化为分数吗？那小数呢？	
循环	实践情境： 8. 正方形图、三角形图、人民币图感受整体与部分的关系，体会进制是应用中创造出的。	迁移运用： 8. 把1个正方形平均分成4份，另1个正方形平均分成16份，找出它们之间的联系，感受等值分数。 9. 借助三角形与小正方形的关系，通过不同单位"1"理解分数的意义。 10. 结合不同面值的人民币，建构分数数学模型。	学生主体： 是否以学生为主体，放手让学生自主探究、合作交流、实践应用，实现让小数意义的知识结构、方法结构和思想结构的迁移应用、循环上升。

本节课的学习是建立在已经学习过整数的意义、度量的意义、小数的意义、分数的初步认识基础之上展开学习的，本节课是三年级的分数初步认识之后的连续。教学时要让学生像学整数一样学分数，这里就要考虑如何连续。因此这里设计为学生提供无刻度的米尺，让学生测量黑板的长度，如果量而无余则是用整数表达，如果是量而有余则会出现分数或小数的表达。

活动的开展需调取充分的元素前认知，因此可在情境关联中体现学生对操作中分数的理解。第　个活动，学生先是在米尺中理解 $\frac{1}{3}$、$\frac{2}{3}$ 的意义，然后由米尺围成的圆柱，过渡到圆这个平面图形，结合操作更直观地体会 $\frac{1}{3}$ 的意义，直观体会1市尺与图形周长的关系，扇形面积与圆的关系，再到1份与圆柱的关系。$\frac{2}{3}$ 是2个 $\frac{1}{3}$，然后打开思维想象的空间，思考3个 $\frac{1}{3}$ 是多少，4个 $\frac{1}{3}$ 是多少……进而体会分数度量的意义，初步感受假分数的存在。最后，再由圆形平面图过渡到带有方向的线段（数轴）。

在这一系列的操作过程中，实现"化曲为直""化直为曲"，进而帮助学生深刻体会一个具体分数的含义究竟是什么。第二个活动，从个数到群数，通过1元人民币连在一起，一个一个数或一起数，体现整数意义和分数意义的对应，进而帮助学生构建群数的概念，理解分数。

循环层级是一个螺旋递进、循环上升的过程。一是单位"1"简洁、抽象的表达：课堂中通过学生列举不同实例，从中抽象出共同的本质特征，进而体会单位"1"的表达。二是数学中的数与形：看到这些形，你想到了数？除了这些形状，你还能想到哪些形状？三是生活中的数与形：看到这些形，你想到了数？除了这些形状，你还能想到哪些形？四是数学变换：刚才我们有同学提到了 $\frac{1}{2}$，一个三角形是一个正方形的 $\frac{1}{2}$，我们是把一个正方形看作单位"1"。如果把两个正方形看作单位"1"，还能用 $\frac{1}{2}$ 表示这个三角形吗？应该怎样变换呢？如果把四个正方形看作单位"1"呢？我们再来变化一下，把这个三角形看作1，那么这些又怎么表示？你怎么能这么快找到结果？左边和右边的表格有联系吗？（一个三角形是一个正方形的 $\frac{1}{2}$，一个正方形就是一个三角形的2倍。）通过这一系列的活动，深化学生对分数意义的理解，同时体会分数意义的本质，当用分数表示两个数之间关系时和用"倍"表示两个数之间关系，本质是相通的。

四、"分数的意义""3×3"备课的网格设计与说明（四）

如果把备课轴看作是教师在教学统一基础上建构的理想框架，那么，"3×3"表格设计则是框架的具体化，从中体现了课堂中教与学的可操作活动。在"连续—关联—循环"各环节中关照情境、活动和评价，形成富有丰富内涵的实操性行动手册，指引师生成为学习共同体，共同经历深度学习的过程。学为中心的课堂，需要"科学家式"的思考和研究，这样的教学方式强调三个重要的原则：呈现前概念、采用"做"的方式、关注元认知。"分数的意义"课堂教学的具体活动，可以用表4-4呈现。

表4-4 "分数的意义" "3×3" 表格（四）

	情境任务	活动体验	评价反思
连续	经验情境： 1.结合具体的例子说说对分数的理解。 2.利用不同图形表示出分母为4的分数，并阐释其意义。 3.利用数轴，进一步理解分数的意义。	直观感知： 1.回顾三年级学习的分数知识，说说自己对分数的理解。 2.出示正方形和12个一组的五角星，通过表示出 $\frac{1}{4}$、$\frac{2}{4}$、$\frac{3}{4}$、$\frac{4}{4}$，唤起学生认识分数的思维经验，理解分数的意义。 3.结合数轴，进一步感悟平均分的对象由具体事物向自然数1的抽象，分数本质上就是自然数的基本单位1平均分的结果。	教师主导： 是否让新知的感知、思维和情意与已有知识经验结构、思维结构和情意结构产生联系，学习是否真实发生。
关联	互动情境： 4.利用被平均分成10份的1米纸条作标准，测量另一根纸条的长度。除了把1米平均分成10份，还可以平均分成几份，去测量出另一根的长度？ 5.理解不同分数的意义，尤其是分子大于分母的分数的意义。	互动交流： 4.全班交流，利用已经平均分成10份的1米长的纸条，拿它和另一根纸条进行比较。测量的结果可以用分数、小数、整数表示。平均分的份数不同，测量得到的长度是相同的。通过平均分进一步理解分数的意义。 5.对于 $\frac{6}{5}$ 含义的讨论，突出了分数单位的意义和价值，有助于学生进一步体会分数也是相同计数单位累加的结果。	师生互动： 是否让师生紧紧围绕等分进行积极互动，融通整数、小数、分数的内在关联。是否达到"教结构——学结构——用结构"的自然融通。
循环	实践情境： 6.说出不同情境中分数表示的含义。 7.除了从份数关系来理解分数，分数还可以有各种不同角度的理解。	迁移运用： 6.引导学生用刚刚建立的对分数概念的理解解释不同情境中分数的具体含义。 7.延伸思考，分数不仅可以表示基于平均分得到的份数关系，也可以表示两个整数相除的商，还可以表示两个整数倍比的结果。	学生主体： 是否以学生为主体，放手让学生自主探究、合作交流、实践应用，实现让分数意义的知识结构、方法结构和思想结构的迁移应用、循环上升。

学习是一种重构行为，是运用图式同化建构新意义的过程，所以将原有图式与新意义建立联系非常关键。在连续环节充分唤起学生已有的生活经验和知识，让学生具备构建新意义的"前概念"；而关联环节则是遵循学生的认知特点和规律展开，经历充分的独立思考、动手实践、合作交流等环节，思维不断在直观、形象与抽象中切换、转换；循环环节是对知识的迁移与运用，更多关注到解决生活中的实际问题，努力到达远迁移层面而非浅表性的近迁移，这样的过程才能帮助学生形成对概念的立体式、深刻化理解，发展核心素养。当然，原有认识成功进阶到新概念理解实际上是一个不断协调的过程，其中一定存在差异和冲突，这时候就需要一个合适的协调基础，也就是需要对新旧概念之间进行某种程度的重组，将其统整为一个更加合理的核心概念。"分数的意义"教学中可以是从"平均分物"的角度、"除法运算"的角度，以及"两个整数量倍比"的角度渐次展开对分数意义相对抽象的认识。学生运用有理有据的推理，自然生发对于分数意义的探究与理解，并与整数、小数相联系，建构分数的模型。在这个过程中，孤立的知识逐步被组织起来，而组织化知识的发展是概念框架形成的关键。

五、"分数的意义""3×3"备课的网格设计与说明（五）

表4-5　"分数的意义""3×3"表格（五）

	情境任务	活动体验	评价反思
连续	经验情境： 1. 用无刻度米尺测量黑板长，量而有余怎么办？ 2. 把无刻度米尺细分后测量，用小数、分数表示长度。	直观感知： 1. 出示1米的米尺，测量黑板长度，估计黑板长度，为了得到更精确的结果，根据经验选择细分米尺。 2. 反面展示米尺十等分、百等分的尺子，再次测量，展示市尺（米尺上三等分，用不同颜色表示每一份）测量，理解$\frac{1}{3}$米。	教师主导： 是否联系了新知的感知、思维和情意与已有知识经验结构、思维结构和情意结构，学习是否真实发生。

	情境任务	活动体验	评价反思
关联	互动情境： 3. 用改造的尺子找到 $\frac{1}{3}$，围成面积图后再次找 $\frac{1}{3}$，感受单位"1"，概括 $\frac{1}{3}$ 的含义。 4. 展示学生课前对 $\frac{1}{3}$ 的不同理解，建立分数模型。 5. 研究分数，自由表征一个分数，概括分数的意义及单位"1"、分数单位。	互动交流： 3. 把 3 尺的直条折成等边三角形、正六边形，围成近似圆形，想象其他形状。理解每市尺与图形周长的关系。在三等分的三角形、正六边形、圆形中，结合平面图形的周长和面积等找到不同的 $\frac{1}{3}$。 4. 展示学生课前测作品、分类、逐步抽象出 $\frac{1}{3}$ 的含义。 5. 自主研究喜欢的分数，表征出这个分数。对比画图和文字表征，理解单位"1"，抽象分数的意义，感受分数单位的重要性。	师生互动： 是否让师生紧紧围绕等分进行积极互动，融通整数、小数、分数的内在关联。是否达到"教结构—学结构—用结构"的自然融通。
循环	实践情境： 6. 正方形图、人民币图感受整体与部分的关系，同类量之间的关系。	迁移运用： 6. 把 1 个正方形平均分成 4 份，把 4 个小正方形平均分成 4 份，从连续量的关系表达到离散量关系的表达，感受单位"1"的改变对分数的影响。结合不同面值的人民币，结合面积模型和币值等不同角度理解分数。	学生主体： 是否以学生为主体，放手让学生自主探究、合作交流、实践应用，实现让小数意义的知识结构、方法结构和思想结构的迁移应用、循环上升。

在部分与整体中，分数除了表示平均分以外，主要是指连续型、离散型单位"1"和部分份数的关系，我们可以从分数的根本意义——"倍数关系"和"份数"出发，帮助学生建立分数的面积模型。先为学生提供无刻度的米尺，让学生测量黑板的长度，如果量而无余则用整数表达，如果是量而有余则会出现分数或小数的表达。

连续环节，让学生在测量中产生用分数表达的需求，结合 1 市尺 = $\frac{1}{3}$ 米，建立线性的 $\frac{1}{3}$ 的模型，用不同的颜色分别表示每一个市尺的长度。然后借助操作，让线围成封闭的图形，找到 1 市尺与图形周长的关系，学生通过想象，围成的图形可以是多变的，但每一市尺都是这个图形周长

的 $\frac{1}{3}$。抓住操作中的"变"与"不变",逐步体会 $\frac{1}{3}$ 的本质特征。

　　循环环节,让学生结合围成的图形找到分数 $\frac{1}{3}$ 的面积模型,每个部分的面积都是整个图形面积的 $\frac{1}{3}$。结合 $\frac{1}{3}$ 的面积模型想象把单位"1"平均分后得到的每份可以是长度、面积,也可以是一个或多个物体。接着,让学生对比课前对 $\frac{1}{3}$ 的理解,学生有用文字表达的,有用一个图形表达的,有用一个整体来表达的,呈现学生多元表征的方式不断丰富学生头脑中对 $\frac{1}{3}$ 的理解,让学生逐步建立自己的分数模型。从"1市尺"的变化到课前测中对 $\frac{1}{3}$ 不同表征方式的积累,学生能够概括出分数 $\frac{1}{3}$ 的含义。然后,让学生自主表征一个分数,在作品交流对比中感受画图和文字表征的优势,不同的学生选择的分数是不同的,可能得到几分之一或者几分之几,学生通过交流不断抽象出分数的意义,理解单位"1",认识分数单位的重要性。

　　循环环节,让学生回归实际去解释与应用。出示连续量表达的正方形图和离散量表达的正方形图,学生原先已经会用整数表示它们之间的关系,现在多了从分数的角度来理解部分与整体、两个同类量之间的关系。创设人民币的情境,让学生结合面积模型或者币值的大小来表示同类量之间的关系。

第五章　学评监控

《义务教育数学课程标准（2022年版）》指出："评价不仅要关注学生数学学习结果，还要关注学生数学学习过程，激励学生学习，改进教师教学。通过学业质量标准的构建，融合'四基''四能'和核心素养的主要表现，形成阶段性评价的主要依据。采用多元的评价主体和多样的评价方式，鼓励学生自我监控学习的过程和结果。"学评监控是为了更好地促进学生反思和调节学的节奏，也是为了更好地促进教师反思和调节教的精度，从而更好地促进学生数学素养的提升。学评监控关注素养形成的过程与结果，通过对教师、学生在教学过程中的观察记录、学生作品分析、访谈等进行综合评价，聚焦于学生实践应用能力和素养的提升。

第一节　有关"结构化横向融合"的评价题的设计

一、"分数的意义"教材有关"结构化横向融合"的评价题分析

评价题设计要结合课程标准要求和评价目标来设计内容，《义务教育数学课程标准（2022年版）》在第三学段"学业要求"中指出："能用直观的方式表示分数和小数，……能在实际情境中运用小数和分数解决问题，进一步发展符号意识和数感。"这样的要求凸显了评价的情境性，指向核心素养的发展。我们设计的评价题分为两个层次：一是结构化横向融合评价题；二是结构化纵向融通评价题。"结构化横向融合"是指从现实问题到数学问题的转化，是把情境问题表述为数学问题的过程。"结构化横向融合"的评价题与例题的难度及复杂程度大体属于同一水平，学生应用课堂上学习的知识、方法迁移解决和例题类似的处于新情境中的问

题。苏教版小学数学五年级教材"分数的意义"有关"结构化横向融合"的评价题有这样一组：

"练一练"中的第1题和第2题（图5-1是教材有关"结构化横向融合"的评价题1，图5-2是教材有关"结构化横向融合"的评价题2）：

1. 用分数表示各图中的涂色部分，再说说每个分数的分数单位，以及有几个这样的单位。

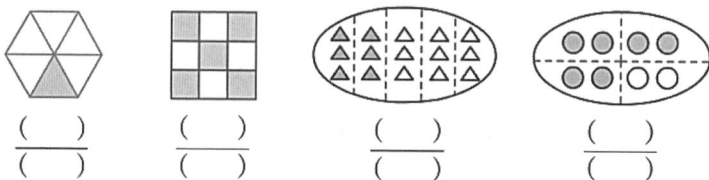

$$\frac{(\quad)}{(\quad)} \qquad \frac{(\quad)}{(\quad)} \qquad \frac{(\quad)}{(\quad)} \qquad \frac{(\quad)}{(\quad)}$$

图 5-1

2. 分数也可以用直线上的点来表示。你能在括号里填上分数吗？

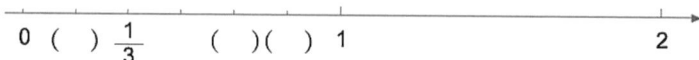

图 5-2

对比这两题，第1题让学生看图填分数，重点突出把什么看作单位"1"，平均分成了几份，涂色部分是这样的几份，并让学生根据写出的分数找到相应的分数单位。这一题一共呈现了4幅图，第一、二幅图是一个图形的几分之一和几分之几，第三、四幅图都是一个整体的几分之几。学生在练习中体会单位"1"的不同，平均分成的份数不同，所填写的分数不同，分数单位也不同。第2题，把分数表示在直线上，把直线上0~1之间的这条线段看作单位"1"，平均分成一定的份数，直线上相应的点就可以表示不同的分数，从而让学生感受分数与整数的关系。题目中直线图的0~1这段被平均分成了6份，一般情况下学生看到第一个点会用$\frac{1}{6}$表示，第二个点就会用$\frac{2}{6}$来表示，但题目在图上的第二个点处标出了$\frac{1}{3}$，让学生体会到有的点可以用不同的分数来表示。既可以将标出的这个点看成把单位"1"平均分成了3份，表示这样的1份，这个点可以表示$\frac{1}{3}$。

这里也可以看成把单位"1"平均分成 6 份，表示这样的 2 份，这个点也可以表示 $\frac{2}{6}$，学生从不同的角度思考可能得到不同的分数。分数形式虽然不一样，但分数的大小是相等的，也就是表示部分与整体的关系是不变的，评价的情况反映出学生结构化横向融合的能力。

二、"分数的意义"有关"结构化横向融合"的评价题的重构

"结构化横向融合"是指现实问题向数学问题的转化，是把情境问题表述为数学问题的过程。苏教版教材五年级"分数的意义"有关"结构化横向融合"的评价题，题目中看图写分数关注了涂色部分与单位"1"的关系，没有涉及空白部分与单位"1"的关系。同时，书上的图都是已被平均分成了一定的份数，图中平均分的份数已用虚线标注，学生从图上能一眼看出平均分的份数和涂色部分所表示的份数。为了让学生在更多的情境中理解分数的意义，也让学生感受分数的实际价值，我们把这些评价内容进行了整合和调整，设计了下面两道有关"结构化横向融合"的评价题。设计的评价题既关注学生对分数意义的理解，也关注学生对分数单位的认识。

评价题 1：图中，（　　　）图中有 $\frac{1}{3}$（括号里填图形下方序号），然后在图上标出你找到的 $\frac{1}{3}$。（图 5-3 是有关"结构化横向融合"的评价题 1）

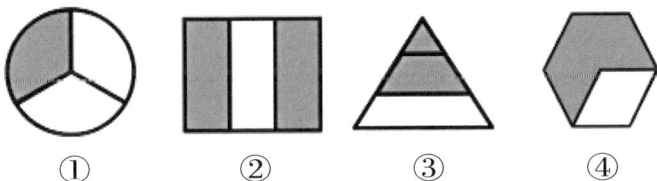

① ② ③ ④

图 5-3

评价题 2：图中涂色部分可以表示几分之几呢？你能想到几种就在图中表示出几种。把你想到的分数记录在图下方的括号里，并写出每个分数的分数单位。（图 5-4 是有关"结构化横向融合"的评价题 2）

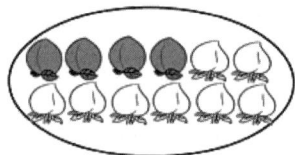

分数（　　） 分数单位（　　）　　　　分数（　　） 分数单位（　　）

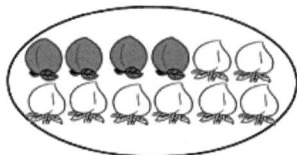

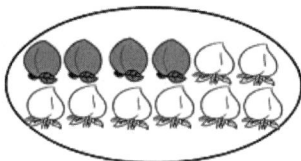

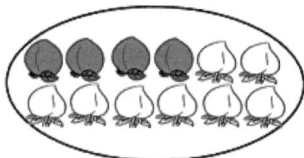

分数（　　） 分数单位（　　）　　　　分数（　　） 分数单位（　　）

图 5-4

这两题分别关联数学概念的过程和对象这两个方面，概念的形成要由过程开始，逐步转变为对象的认知过程，最终结果是在过程与对象的认知结构中共存。

第 1 题，关联学生认识分数的过程，在这一阶段的概念具有操作性，相对直观，学生容易通过迁移前期所学知识解决问题。题目呈现如图 5-3 所示的 4 个图形，第一幅图是最常见的图，把一个圆平均分成 3 份，涂色部分表示其中的 1 份。第二幅图将长方形平均分成 3 份，和上一个图形不一样的地方是空白部分是一份，涂色部分是 2 份。当然，这里涂色部分每一份都是整个图形的 $\frac{1}{3}$，学生往往会看到涂色部分是 2 份而不选它，忽视题目中要求是"图中有 $\frac{1}{3}$"。第三幅图将三角形分成 3 份，图上没有平均分，学生借助细分也可以看成平均分成 9 份，涂色部分是这样的 4 份。第四幅图的正六边形中隐藏了一条平均分的线，加上这一条辅助线后也可以将其看成一个正方体，考查学生能否看出是平均分成了 3 份，从而找到 $\frac{1}{3}$。让学生在图中找 $\frac{1}{3}$，以评价学生对分数意义的理解水平。让学生在变化的图形中进一步感受用不同的图形来表示分数，促进学生深刻理解分数意义的本质内涵，使学生的思维不断进阶。

第 2 题，关注概念发展的对象阶段，引导学生想到与其他概念之间的联系。该题的设计是较为开放的，虽然给出的图是一样的，图中都有 12

106

个桃，且都是 4 个桃被涂色，但不同的学生能从中看到不同的分数，考查学生的理解水平。学生根据图想到不同的分数，体会分数单位是随着单位"1"被平均分成的份数的变化而变化，虽然这几幅图的单位"1"是相同的，但因为平均分的份数不同，得到的分数单位就是不同的，写出的分数也不同。但不论是填写了怎样的分数，虽然分数的分子和分母都各不相同，但都是表示这 4 个涂色的桃与 12 个桃之间的关系，分数的大小不变。

三、"分数的意义"有关"结构化横向融合"的评价能级水平说明

（一）第 1 题的能级水平说明和调查情况

结合五年级 82 名学生（本章后面练习情况涉及的都是这两个班级的学生）有关"结构化横向融合"的评价情况，我们将学生学习"分数的意义"有关"结构化横向融合"的评价能级水平结合具体的评价题划分为以下三个水平层次：

水平一：找到"把圆形平均分成 3 份，涂色部分是 1 份"图中的 $\frac{1}{3}$。

学生正确找到图①中的 $\frac{1}{3}$（图 5–5 是学生找到一幅图中有 $\frac{1}{3}$ 的情况 1）；选择图①的学生中有的标注了每幅图涂色部分是整个图形的几分之几，对于第三幅图和第四幅图能够借助细分找到涂色部分与整体的关系；有的学生没有审题或没有理解题目中的"图中有 $\frac{1}{3}$"，误以为是找涂色部分是整个图形的几分之几（图 5–6 是学生找到一幅图中有的 $\frac{1}{3}$ 情况 2）；也有学生在图上正确标注并找到的了 $\frac{1}{3}$，但在填写选项时只填了一个（图 5–7 是学生找到多幅图中有 $\frac{1}{3}$ 但只填了一个的情况 3）。

1.下图中，（ ① ）图中有 $\frac{1}{3}$（括号里填图形下方序号），在图上标出你找到的 $\frac{1}{3}$。

① ② ③ ④

图 5–5

107

1.下图中，（ ① ）图中有$\frac{1}{3}$ （括号里填图形下方序号），在图上标出你找到的$\frac{1}{3}$。

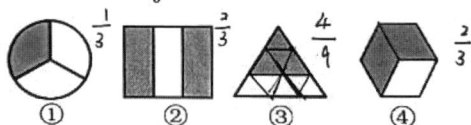

图 5-6

1.下图中，（ ① ）图中有$\frac{1}{3}$ （括号里填图形下方序号），在图上标出你找到的$\frac{1}{3}$。

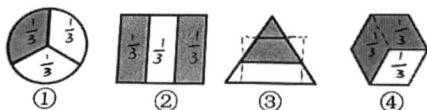

图 5-7

水平二：找到把图形平均分成 3 份，涂色部分或者空白部分表示的$\frac{1}{3}$。

学生正确找到图①和图②中的$\frac{1}{3}$，第一个图的$\frac{1}{3}$标注在涂色部分，第二个图的$\frac{1}{3}$标注在空白部分。（图 5-8 是学生找到两幅图中有$\frac{1}{3}$的作品）

1.下图中，（①②）图中有$\frac{1}{3}$ （括号里填图形下方序号），在图上标出你找到的$\frac{1}{3}$。

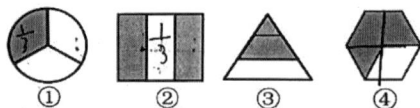

图 5-8

水平三：找到所有图形中的$\frac{1}{3}$。

学生正确找到图①、图②、图④中的$\frac{1}{3}$（图 5-9 是学生找到所有图中有$\frac{1}{3}$），有学生在图上标出了所有能找到的$\frac{1}{3}$（图 5-10 是学生找到所有图中所有$\frac{1}{3}$的作品）。

1.下图中，（①、②、④）图中有$\frac{1}{3}$ （括号里填图形下方序号），在图上标出你找到的$\frac{1}{3}$。

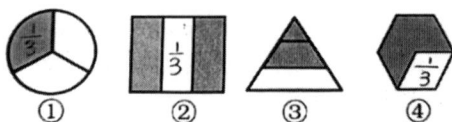

图 5-9

108

1.下图中，（①②④　）图中有$\frac{1}{3}$　（括号里填图形下方序号），在图上标出你找到的$\frac{1}{3}$。

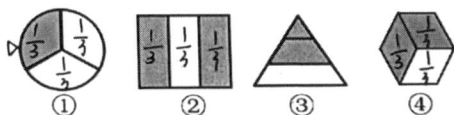

图 5-10

从学生答题情况来看，达到水平一的学生占 47.6%，达到水平二的学生占 15.8%，达到水平三的学生占 36.6%，可见学生经过学习能在图中找到要求表示的分数。从分析数据可以看到，接近一半的学生只关注到了涂色部分与整体的关系，忽视了空白部分与整体的关系。在教学中从认识二分之一开始就要渗透每个部分与整体的关系，让学生能从多角度思考问题，不仅仅局限在涂色部分表示的分数，从而避免在答题过程中出现思维定势。

（二）第 2 题的能级水平说明和调查情况

结合五年级 82 名学生有关"结构化横向融合"的评价情况，将具体的评价题划分为以下四个水平层次（表5-1）：

表 5-1 "分数的意义"有关"结构化横向融合"的评价能级水平说明

能级水平	学生回答情况	学生水平表现
水平一	 学生能想到部分分数，如$\frac{2}{6}$和$\frac{4}{12}$，能在图中表示出这 2 个分数并写出正确的分数单位。	结合具体的图，能够理解涂色部分表示几分之几，通过桃子图的摆放方式正确表征出平均分后每份桃子摆放形式是一样的分法。
水平二	 学生能想到部分分数，如$\frac{2}{6}$、$\frac{4}{12}$、$\frac{1}{3}$，能在图中表示出这 3 个分数并写出正确的分数单位。	结合具体的图，能够理解涂色部分表示几分之几，借助桃子的个数与整体的关系正确并有序地表示出分法。

能级水平	学生回答情况	学生水平表现
水平三	 分数（ $\frac{4}{12}$ ）分数单位（ $\frac{1}{12}$ ）　分数（ $\frac{1}{3}$ ）分数单位（ $\frac{1}{3}$ ） 分数（ $\frac{1}{6}$ ）分数单位（ $\frac{1}{6}$ ）　分数（ $\frac{8}{24}$ ）分数单位（ $\frac{1}{24}$ ） 写出了不同的 4 个分数，但没有在图中正确表征出来，能写出正确的分数单位。	能够理解涂色部分表示几分之几，借助桃子的个数与整体的关系写出分数，并推理想到更多的和原来分数相等的分数，但不能借助图正确表征或没有用图表征。
水平四	 分数（ $\frac{2}{6}$ ）分数单位（ $\frac{1}{6}$ ）　分数（ $\frac{4}{12}$ ）分数单位（ $\frac{1}{12}$ ） 分数（ $\frac{1}{3}$ ）分数单位（ $\frac{1}{3}$ ）　分数（ $\frac{8}{24}$ ）分数单位（ $\frac{1}{24}$ ） 学生借助图表示出想到的 4 个分数，特别是最后一幅图，能想到把每个桃子再次平均分成 2 份或者 4 份得到新的分数，能写出正确的分数单位。	结合具体的图，能够理解涂色部分表示几分之几，借助桃子的个数与整体的关系以及把每个桃子再次平均分的方式得到新的分数，正确表示出每种分法。

从学生答题情况看，能想到部分分数如 $\frac{2}{6}$ 和 $\frac{4}{12}$；能在图中表示出这 2 个分数并写出正确分数单位的占 3.7%；题目要求"能想到几种就在图中表示出几种"，只有较少的学生想到了 2 个分数，大部分学生想到 3 个及 3 个以上的分数。学生能想到部分分数如 $\frac{2}{6}$、$\frac{4}{12}$、$\frac{1}{3}$，能在图中表示出这 3 个分数并写出正确的分数单位占 47.6%，接近一半的学生找到了这样的 3 个分数。学生写出了 4 个不同的分数，但没有在图中正确表征出来的占 9.8%，其中有学生写出的第 4 个分数是错误的，如写出了 $\frac{3}{9}$。38.9% 的学生想到了 4 个分数，在填写 4 个正确分数的 32 人中有 30 人正确用图表示 $\frac{8}{24}$，有 2 人推导并把每个桃子再次平均分成 4 份后表示出 $\frac{16}{48}$。从总体情况可以看出，经过课堂学习，所有学生都能从不同角度去把相同的单位"1"平均分成不同的份数，写出正确的分数及相应的分数单位。

第二节 有关"结构化纵向融通"的评价题的设计

一、"分数的意义"教材有关"结构化纵向融通"的评价题分析

"结构化纵向融通"是结构化横向融合后进行的数学化，是从符号到概念的数学化，即对已经符号化的问题做进一步抽象化处理。有关"结构化纵向融通"的评价题的设计要注意层次性，让学生从原有的数学水平提升到高一层次水平的表达与理解。

苏教版小学数学五年级教材"分数的意义"有关"结构化纵向融通"的评价题有这样的 3 题：练习八的第 1 题、第 2 题、第 3 题。（图 5-11 是教材有关"结构化纵向融通"的评价题 1，图 5-12 是教材有关"结构化纵向融通"的评价题 2，图 5-13 是教材有关"结构化纵向融通"的评价题 3）

1. 在每个图里涂色表示 $\frac{2}{3}$。

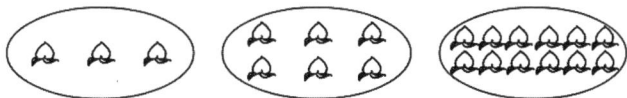

图 5-11

2. 读出下面的分数，并说说各分数的分数单位。

$$\frac{4}{7} \qquad \frac{7}{8} \qquad \frac{4}{10} \qquad \frac{4}{11} \qquad \frac{11}{15} \qquad \frac{17}{20}$$

图 5-12

3. $\frac{7}{9}$ 是（　）个 $\frac{1}{9}$　　4 个 $\frac{1}{5}$ 是 $\frac{(\quad)}{(\quad)}$　　$\frac{3}{8}$ 是 3 个 $\frac{(\quad)}{(\quad)}$

图 5-13

这 3 道题都是结合分数意义的理解来展开设计的。第 1 题，让学生在 3 幅不同的图中涂色表示 $\frac{2}{3}$，学生通过涂色和比较能体会到单位"1"桃数量不同，每次涂色的桃个数就不一样。对比 3 幅图中涂色桃的个数，2 个、4 个、8 个，虽然涂色桃的个数不同，但涂色部分都是单位"1"的 $\frac{2}{3}$，都是把单位"1"平均分成 3 份，表示其中的 2 份。后面 2 道题与第 1 题最

大的不同是脱离了现实情境，没有呈现直观的图示，让学生直接读分数，说分数单位，感受分数是由一个或几个分数单位组成的。第 2 题，让学生先读分数，分数的分母既有一位数也有两位数，读完后说出这几个分数的分数单位，通过对比明确一个分数的分母是几，这个分数的分数单位就是几分之一。第 3 题，让学生填空，进一步掌握分数的计数方法和整数、小数计数方法的相同之处是计数单位的累加，体会数概念的一致性。

二、"分数的意义"有关"结构化纵向融通"的评价题的重构

苏教版五年级数学教材中设计的有关"结构化纵向融通"的评价题集中在对分数意义和分数单位的理解，为了把分数置于整个数的知识体系中学习，便于学生形成完整的认知结构，我们对"分数的意义"有关"结构化纵向融通"的评价题进行了重构，设计了如下 3 道题：

评价题 1：（1）每组图的第一行圆都用 1 表示，请思考第二行圆用几表示？写在第二行圆后面的括号里。（图 5-14 是有关"结构化纵向融通"的评价重构题中的第 1 题）

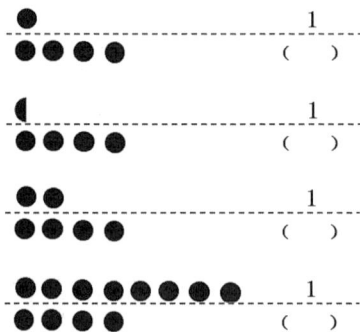

图 5-14

（2）仔细观察这 4 组图的第二行，同样都是 4 个圆，为什么表示的数不一样？

评价题 2：一个图形的 $\frac{1}{4}$ 是 ，这个图形可能是什么样的？请你画出你想到的图形。想一想不同的画法之间有什么相同的地方？试着写出不同之处。

112

评价题 3：你能举例说明 $\frac{2}{3}$ 的含义吗？写一写，画一画，表达出你的想法，想到几种就在下面写出几种。

第 1 题，第一行的圆从"一个"——"半个"——"两个"——"多个"，标准不断发生变化。标准不同，表示第二行的数就会不一样，可能是整数，也可能是分数或者小数。在表示第二行数的过程中，学生感受单位"1"的累加能得到整数，单位"1"的细分能得到小数或者分数。通过对比第二行都是 4 个圆，但表示的数各不相同，让学生思考为什么不同，体会单位"1"的重要性。前三幅图都是第一行圆的累加，相当于求第二行的圆是第一行圆的几倍。可以把第四幅图的 8 个圆看作一个整体，将其平均分成 2 份，求一份是多少，和书上不同之处在于这 4 个圆放在了第二行，从思考部分与整体的关系变成思考两个同类量之间的关系。这样的设计，让学生根据已有的认知水平，迁移学习经验，从"整"的倍数关系向"非整"的倍数关系转变，让学生体会分数可以表示两个量之间的关系。

第 2 题，图形都是表示 $\frac{1}{4}$，且这个图形 $\frac{1}{4}$ 的形状是固定的。让学生想象单位"1"的样子，通过不同画法的比较，体会表示单位"1"的图形的形状可能不一样，可能是规则的长方形，也可能是不规则的其他图形，但这些图形都是由 8 个相同的小正方形组成。题目中给出的图形 都是整个图形的 $\frac{1}{4}$，学生在画图的过程中理解这些图中都有 4 个这样的计数单位，学生画出的单位"1"可能是不规则图形，这是教材中安排的练习里较少涉及的形式，通过多样的表达来丰富学生对分数的认识。两题的设计借助了更为抽象的两个不同量的对比和不规则图形的表达，让学生深入理解分数。

第 3 题，让学生自己表征 $\frac{2}{3}$ 的含义，提示可以"写一写""画一画"，让学生用画图和文字的方式来表征对 $\frac{2}{3}$ 的理解，不同的学生画出的单位"1"可能是不同的，让学生在对比中感受单位"1"可以是一个物体、一个图形、一个计量单位、许多物体组成的一个整体等。这比书上练习给定图，让学生在图上表示出 $\frac{2}{3}$ 的难度要大，学生回答的方式也更开放，让学生用自己喜欢的方式来表征对分数的理解，同时感受不同的表征都是在表达同一个意思，即"把单位'1'平均分成3份，表示这样的2份"，在不同的情境中关注分数意义的本质，评价的情况反映出学生结构化纵向融通的能力。

三、"分数的意义"有关"结构化纵向融通"的评价能级水平说明

（一）第1题第（1）小题的能级水平说明和调查情况

结合五年级82名学生的有关"结构化纵向融通"的评价题练习的结果，我们将学生的水平结合具体的评价题划分为以下两个水平层次：

水平一：能正确表示比"1"多的圆个数，不能正确表达比"1"少的圆个数。

学生能正确完成前3空，有的学生第4空也填写整数，如填写2（图5-15是学生不能正确表达比"1"少的圆个数的作品）、4、1等，访谈写2的学生，他认为虚线上面写的是分子，下方括号里填写的是分母，所以最后一题他认为自己写的是 $\frac{1}{2}$ 。还有部分学生第4个空空着没有写答案，有的学生虽然在图上做了一些尝试，但找不到第二行与第一行之间的关系（图5-16是学生不会表达比"1"少的圆个数的作品）。

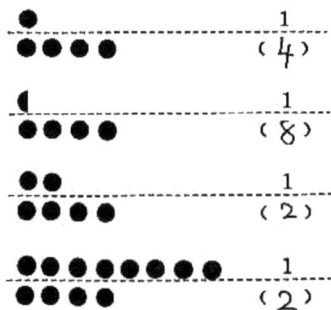

图 5-15

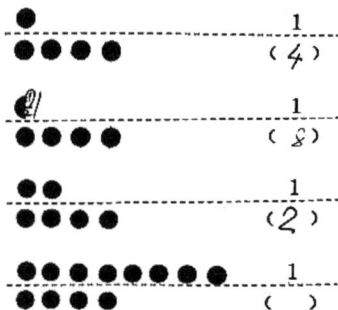

图 5-16

水平二：能正确表示比"1"多的圆个数，也能正确表示比"1"少的圆个数。

有学生在完成第 2、3 空时把第一行的圆转换成了一个圆，找到第二行是第一行的几倍（图 5-17 是第 4 空写 0.5 的作品 1）。有学生完成第 4 空时写 0.5（图 5-18 是第 4 空写 0.5 的作品 2），也有学生写 $\frac{1}{2}$（图 5-19 是第 4 空写 $\frac{1}{2}$ 的作品）。

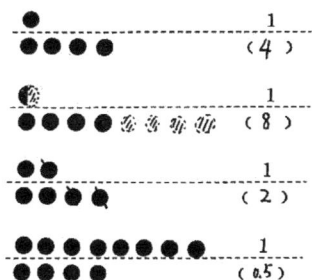

图 5-17

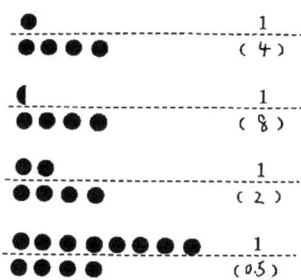

图 5-18

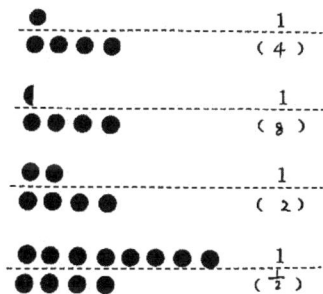

图 5-19

从学生答题情况来看，达到水平一的学生占 23.2%，达到水平二的学生占 76.8%，可见一半以上的学生经过学习能借助"1"这一标准累加或者均分来正确表示其他图形所代表的数。但是在表示正确的 63 名学生中，只有 10 人用了分数 $\frac{1}{2}$，其他学生都写的 0.5，学生更习惯于用小数来表示一个具体的数。

（二）第 1 题的第（2）小题调查情况

"第二行都是 4 个圆，为什么表示的数不一样？"学生能想到是因为第一行的圆数量不一样；第一行圆表示的单位"1"不同；第一行圆表示的"1"的量不同，第二行它有几个"1"的量也不同（图5-20）。

答：因为这4组图的第一行的图片数量不一样。

答：因为第1行表示的单位"1"不同。

因为第一行图片表示的"1"的量不同，第二行它有几个"1"的几个也不同。

图5-20　学生认为表示的数不一样的理由

（三）第2题的能级水平说明和调查情况

表5-2　第2题能级水平说明和调查情况

一个图形的$\frac{1}{4}$是 □ ，这个图形可能是什么样的？请你画出你想到的图形。想一想不同的画法之间有什么相同的地方？试着写出不同之处。			
水平层次	学生水平表现	达到人数	百分比
水平一	不能正确画出图形	5	6.1%
水平二	画出一个或多个的图形，没有写出不同画法相同的地方	12	14.6%
水平三	画出一个图形并写出不同画法之间相同的地方	6	7.3%
水平四	画出多个图形并写出不同画法之间相同的地方	59	72.0%

水平二：学生画出的图形都是规则的长方形（图5-21是画出一个图形的作品，图5-22是画出两个图形的作品）。

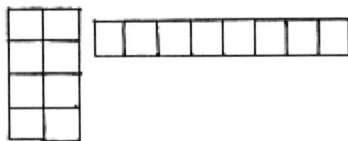

图5-21　　　　　　　　　　　图5-22

水平三：学生画出的图形也是规则的长方形，能尝试写出不同画法之间可能存在的相同的地方，如"相同的地方就是把单位'1'平均分成4份取图中的1份"，关注对分数意义的本质理解（图5-23是学生画的一个图形并写了不同画法相同地方的作品）。

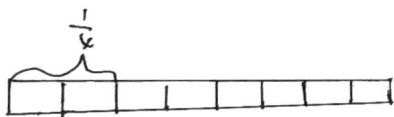

图 5-23

水平四：学生画出多个图形并尝试找到不同画法之间的相同之处，有学生找到"都是由 8 个方块拼成"（图 5-24），有学生找到"都由 4 个 ▢ 组成"（图 5-25），有学生认为"这些画法的面积相同（等）"（图 5-26），也有学生关注到 $\frac{1}{4}$ 这个分数的意义本身"不同的画法之间的分数是相同的，都是把一个图形平均分成 4 份，取其中的一份"（图 5-27）。

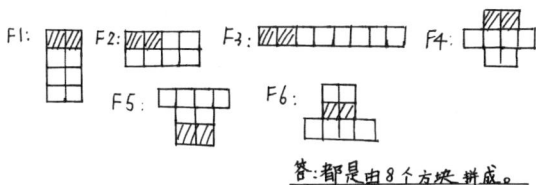

答：都是由 8 个方块拼成。

图 5-24

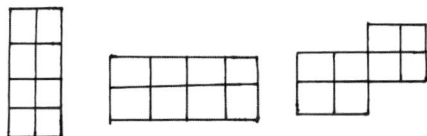

答：都由 4 个 ▢ 组成。

图 5-25

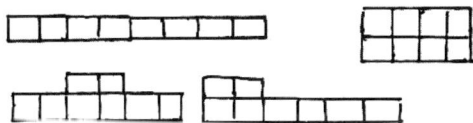

答：这些画法的面积相同。

图 5-26

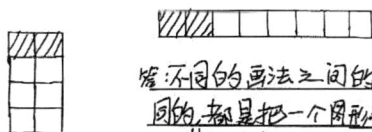

答：不同的画法之间的分数是相同的，都是把一个图形平均分成 4 份，取其中的一份。

图 5-27

（四）第 3 题的能级水平说明和调查情况

结合五年级 82 名学生的有关"结构化纵向融通"评价题练习的结果，我们将学生的水平结合具体的评价题划分为三个水平层次。

水平一：画一个图表示 $\frac{2}{3}$ 的含义。

画一个图的学生都是画一个图形的 $\frac{2}{3}$，单位"1"的选择集中在长方形或线段（图 5-28）。

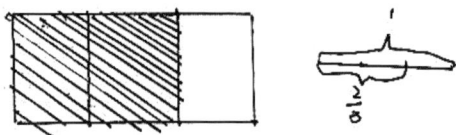

图 5-28

水平二：画两个及以上图表示 $\frac{2}{3}$ 的含义。

画两个图的学生有的选择的单位"1"是一个图形或者一条线段，也有学生选择了一个图形或者一个整体（图 5-29），有画多个图形的学生想到了两种不同量之间的关系也可以用 $\frac{2}{3}$ 来表示（图 5-30）。

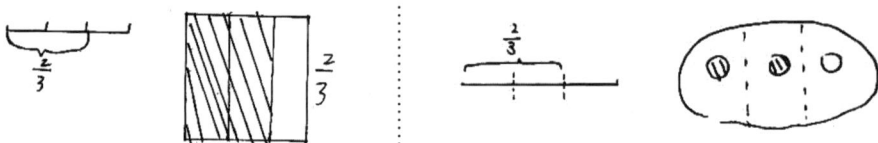

图 5-29

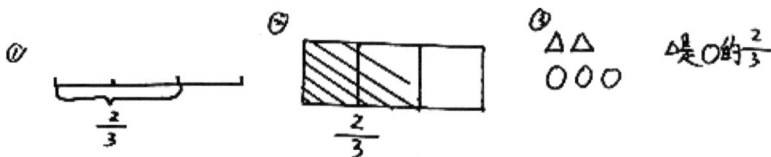

图 5-30

水平三：画图并用文字来表示 $\frac{2}{3}$ 的含义。

学生不仅选择了直观的画图来表征分数的意义，也用了文字来说明 $\frac{2}{3}$ 的含义。有的学生想到了画一个图形并配上文字说明，文字说明概括了

$\frac{2}{3}$ 的意义（图 5-31）；有的学生想到了画多个图并配上文字来说明 $\frac{2}{3}$ 的意义（图 5-32、图 5-33）；也有学生画出的图中也关注了把一个整体看作单位"1"，但文字说明时只是关注了把"一个物体"平均分（图 5-34）。

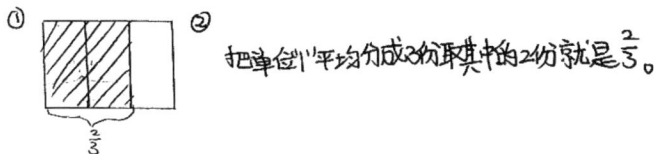

图 5-31

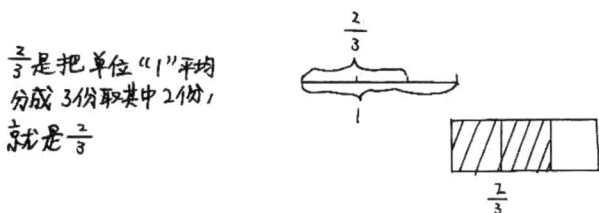

图 5-32

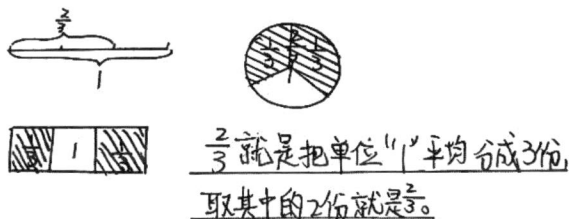

图 5-33

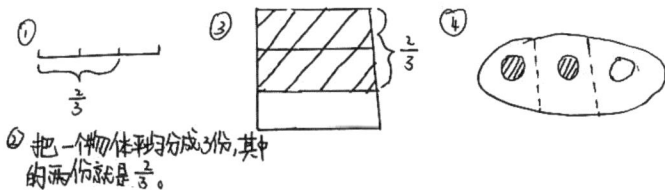

图 5-34

从学生答题情况来看，达到水平一的学生占 19.5%，这些学生能借助直观的方式来表示分数的意义。达到水平二的学生占 29.3%，这些学生能采用不同的方式来表征分数的意义。达到水平三的学生占 51.2%，学生能从多角度画图来表征分数的意义，还能用文字来描述 $\frac{2}{3}$ 的意义。

后面两道有关"结构化纵向融通"的评价题关注到了答案的不唯一，学生想到的图形既有规则的长方形，也有不规则的组合图形，在寻找图形相同之处的过程中，实现由经验知识向一般化数学知识的跨越，从而实现数学化。学生在用不同图形表征分数的过程中，逐步剔除分数的非本质属性，在量的积累中抽象出分数的共同属性，从而厘清分数意义的本质属性，让学生在头脑中逐步产生综合关联的认知结构，建立分数的完整样态和模型。

第三节　解决真实问题的评价题的设计

一、"分数的意义"教材有关解决真实问题评价题的设计

有关"结构化横向融合"的评价题和有关"结构化纵向融通"的评价题侧重知识的掌握和技能的形成，前面设置的评价题指向的是学生的理解水平和关联水平，在结构化学习评价中还要设置解决真实问题的评价题，指向学生的应用水平。题目设置指向现实生活中的应用与理解，在真实情境中体会分数的实际含义和分数的价值。评价练习是对学生学习质量的检查，考查学生的学习效果是否达到了课程标准所设定的目标要求，学生在学习"分数的意义"时，不同的学生会呈现不同的素养表现（表5-3）。

表5-3　学习"分数的意义"学生素养表现

水平层次	素养表现
水平一	1.能结合动手操作或画图等直观的方式正确表示分数。
水平二	1.能结合动手操作或画图等直观的方式正确表示分数。 2.能在真实情境中理解分数的意义。
水平三	1.能结合动手操作或画图等直观的方式正确表示分数。 2.能在真实情境中理解分数的意义。 3.感受分数与整数、小数概念的一致性，都是计数单位的累加。 4.结合具体情境，理解分数所对应具体数量不同，但表示的关系是相同的。

苏教版小学数学五年级教材"分数的意义"有关"解决真实问题"的评价题有这样一个题，练习八第4题（图5-35）。

4. 说出分数表示的含义。

（1）五年级一班学生中，会打乒乓球的占 $\frac{5}{9}$。

（2）地球表面有 $\frac{71}{100}$ 被海洋覆盖。

（3）一节课的时间是 $\frac{2}{3}$ 小时。

图 5-35

该题让学生说出分数所表示的意义，让学生在现实的数量关系中拓展对单位"1"的理解，增加对分数实际意义的把握，为学生以后应用分数的相关知识解决实际问题做准备。在题目设置的3道小题中，第（1）题和学生的生活实际相结合，让学生体会部分与整体的关系。第（2）题和学生所处的生活大环境结合，也是部分与整体的关系，但是表述方式发生了改变，表示整体的量放在表述的前面。通过读信息，也能体会地球表面海洋面积占的比陆地面积多很多。第（3）题信息中出现的是一个带有单位名称的分数"$\frac{2}{3}$ 小时"，让学生通过对比，感受到这是把一个计量单位看作单位"1"平均分后得到的，和前面的分数有不同的地方，这个分数表示一个具体的量。结合实际情境，让学生理解分数在具体情境中的含义，体会单位"1"在理解分数意义中所起的作用。

二、"分数的意义"解决真实问题评价题的设计内容

解决真实问题的评价关注学生思维的形成以及知识、方法、思想迁移能力的培养，促进学生的"学"和改进教师的"教"，评价目标内容要具体，能够体现出学生数学知识和技能的学习过程、数学基本活动经验的积累以及情感态度价值观等多方面的生长性。基于"分数的意义"

这一个学习内容的特点，设计了两道解决真实问题的评价题：

评价题1：小丽和小林各有一筐苹果，小丽从筐里拿出了 $\frac{1}{8}$，小林也拿出了他筐里的 $\frac{1}{8}$（图5-36），原来他们筐中的苹果数一样吗？如果不一样，谁的苹果多？画一画或写一写，说明你判断的理由。

图5-36

评价题2：写出你对下面信息中分数的理解。

一节课的时间是 $\frac{2}{3}$ 小时，课上我们讨论交流的时间是整节课时间的 $\frac{2}{3}$。

第1题，创设了拿苹果的情境，两人都是拿出了 $\frac{1}{8}$，但是拿出的苹果个数不相同，从而推理得到原来他们筐中的苹果数是不一样的。让学生结合分数的意义，$\frac{1}{8}$ 是把单位"1"平均分成8份，表示这样的1份，这里的表示1份的量是知道的，那么就可以推导或者计算出哪个总量多。让学生利用分数的意义解决简单的实际问题，也进一步感受单位"1"的不同会带来平均分的份数虽然一样，但每份表示的数量却是不同的。

第2题，书上的练习中有本题的前半句"一节课的时间是 $\frac{2}{3}$ 小时"，让学生理解分数也可以表示具体的数量，即分数有"量"的意义。本题在后面加上了"课上我们讨论交流的时间是整节课时间的 $\frac{2}{3}$"，在同一情境中体会分数既可以表示部分与整体的关系，也就是"率"的意义，也可以表示具体的量。这样，学生在同一道题目中对比，从而感受这两个 $\frac{2}{3}$ 的不同意义，让学生结合具体的情境进行解释，促进学生对分数意义的理解，避免以后的混淆。

三、"分数的意义"解决真实问题评价题的能级水平说明

（一）第 1 题的能级水平说明和调查情况

结合五年级 82 名学生的解决实际问题评价练习结果，我们将学生学习"分数的意义"解决实际问题的水平结合具体的评价题进行划分（表5–4）。

表 5–4　第 1 题的能级水平说明和调查情况

水平层次	学生水平表现	达到人数	百分比
水平一	选择画图说明，但判断出现错误。	4	4.9%
水平二	选择文字或文字加画图来说明判断的结果和理由。	8	19.5%
水平三	选择画图加计算来说明判断的结果和理由。	20	24.4%
水平四	选择计算来说明判断的结果和理由。	42	51.2%

水平一：学生选择了画图说明，但因画图出现错误导致判断结果错误。

水平二：学生选择了用文字表述自己判断的结果与理由，有学生写"因为都是平均分成 8 份，小林每份多一些，总数也多一些"（图 5–37），也有学生配以画图说明。

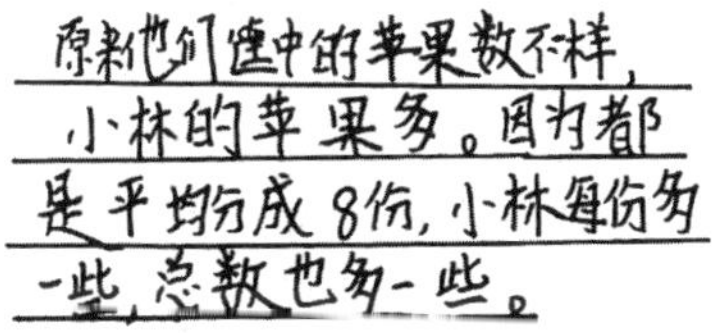

图 5–37

水平三：学生选择了画图和计算两种方式来说明判断的结果与理由，画图能清楚看出两人都是拿了 8 份中的一份，两人拿的一份数分别是"3 个"和"4 个"，再通过计算说明小丽一共有 24 个，小林一共有 32 个，32 个比 24 个多。有学生画了长方形图来表示部分与整体的关系（图 5–38），也有学生画线段图来表示拿的个数与整筐个数之间的关系（图 5–39）。

答不一样,小林的多,因为小林的一捆是4,小丽的一份是3,他们的总数不一样。

图 5-38

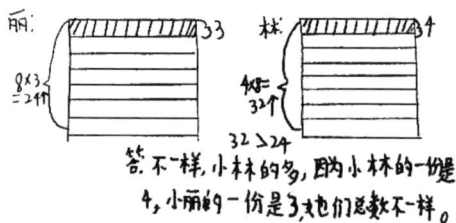

丽:3×8=24(个)

林:4×8=32(个)

24＜32

答:小林多,苹果数不一样多。

图 5-39

水平四:学生选择了计算来说明判断的结果和理由。直接根据部分与整体的份数关系求出总数,小丽有 8×3=24(个),小林有 4×8=32(个),32＞24,原来他们筐中的苹果数不一样多,小林的多一些(图5-40)。

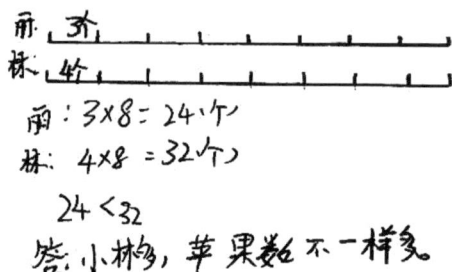

丽:8×3=24(个)

林:4×8=32(个)

32＞24

答:不一样,小林多。

图 5-40

(二)第2题的能级水平说明和调查情况

表 5-5　第2题的能级水平说明和调查情况

水平层次	学生水平表现	达到人数	百分比
水平一	理解错误或者空着没有写。	21	25.6%
水平二	能理解一个分数的意义。	4	4.9%
水平三	知道两个分数的单位"1"不同。	20	24.4%
水平四	能正确表述两个分数的意义。	37	45.1%

水平一：学生不能正确理解两个分数的意义或者空着没有写。也有学生写出的理解是错误的，不能正确分辨两个分数的单位"1"分别是什么。

水平二：学生只能写出两个分数中的一个分数的意义。

水平三：学生知道这两个分数的单位"1"是不同的，虽然表述不够规范，但是知道第一个分数的单位"1"是"1小时"，第二个分数的单位"1"是指"整节课的时间"。（图5-41）

答：第一个 $\frac{2}{3}$ 的单位1是小时，第二个 $\frac{2}{3}$ 的单位是整节课。

图 5-41

水平四：学生能表述两个分数的意义，有学生借助文字来说明（图5-42），有学生借助画图来说明（图5-43），也有学生不仅说明了分数的意义，还写出了两个分数的单位"1"是不同的（图5-44）。

$\frac{2}{3}$ 小时：把1小时平均分成3份取其中的2份，就是一节课的时间。

$\frac{2}{3}$ 节：把1整节课的时间平均成3份取其中的2份就是课上我们讨论交流的时间。

图 5-42

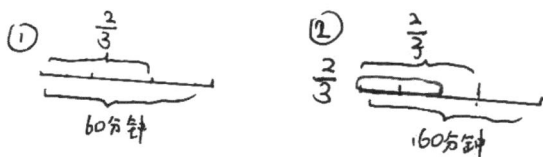

图 5-43

答：第1个 $\frac{2}{3}$ 是把1个小时平均分成3份取其中的2份。
第2个 $\frac{2}{3}$ 是把一节课的时间平均分成3份，取其中的2份。
2个 $\frac{2}{3}$ 的单位"1"不同。

图 5-44

从学生答题情况可以看出，近$\frac{1}{4}$的学生还不能正确表述这两个分数的意义，课上可以加入这样的对比练习，联系具体情境让学生从多角度理解分数的意义。从答题情况看，接近一半的学生能正确表述两个分数的意义，能运用已有的知识、经验等解决实际问题，建立清晰的有关分数的概念模型，学生能抓住本质理解分数不仅可以表示"量"，也可以表示"率"，学生在对比中对分数的概念的认识更加深刻。

第六章 教学实施

在结构化"五学"基础上的教学实施，是教师在学理分析和学情调研的基础上开发结构化学材，是把设计的结构化学程和学习评价进行具体实施的过程。结构化"五学"环节在教学过程中发挥着各自不同的作用，又常常以一种融合的方式呈现在课堂上，但根据学习的不同侧重点也有所区别。"分数的意义"是苏教版教材五年级下册的内容，教材通过让学生用分数表示各图中的涂色部分并说出每个分数的含义，体会一个物体、一个计量单位或由许多物体组成的一个整体，都可以用自然数1来表示，抽象出单位"1"，再概括分数的意义和分数单位。"分数的意义"的教学实施根据侧重于学理分析、学情调研还是学材开发，呈现出不同的课堂样态，但殊途同归，都是设计活动引发学生深度思考与主动探究，提升学生的数学核心素养。

不同结构化视角下的教学实施

一、基于学理分析的教学实施

【教学片段一】

师：你们会数数吗？（依次出现6只袜子的图片，如图6-1）我们一起来数一数（师生齐数）：1、2、3、4、5、6，一共有6只袜子。

1　　2　　3　　4　　5　　6

图 6-1

127

师：接下来你会数吗？（一次出现1双袜子，依次出现3次，根据学生数的1双、2双、3双，依次出现下方数字1、2、3，如图6-2）

1　　　2　　　3

图6-2

生：2、4、6。

师：有没有不一样的数法？

生：2只袜子可以看作一双，这里有1双、2双、3双袜子。

师：（故作惊讶）咦，（指着2只袜子图）可以数成1吗？（学生认可）同样多的袜子，数出的数为什么不一样？（标准不同）看来这里的"1"可以是1只，可以是2只，还可以是——？

生：3只、4只……

师：生活中我们经常会看到不一样的1，看教室门口的收纳箱（图6-3），你看到1了吗？你根据自己看到的1，可以数出哪些数？

图6-3

生1：（手指一行，然后边指每行边数数）这是1，我可以数出4。

生2：我数出了6，一列是1，一共6列。

生3：我还数出了2，把两行看成1。

师：同样的物体，数出这么多不同的结果，你觉得先确定什么很重要？

生：先确定1很重要。

128

师：这个 1 很特别，给它加上双引号。这个"1"可以是什么？

生：可以是 1 只袜子。

生：也可以是 2 只袜子。

生：可以是一排收纳箱的个数。

生：可以是一组的人数。

师：可以是 1 米吗？（生认可）我们把它称为单位"1"，如果用数轴来表示这些数，哪里可以被看作 1？

生：0~1 这一段可以被看作 1。

师：（手指 2）这里 2 个 1 是？（2）3 个 1 呢？（3）"1"的累加可以得到很多不同整数。在数轴上，越往右数，数就越大。

【设计说明】创设数物品的情境，让学生从已会的数"整数"开始，经历一只一只地数袜子，到一双一双地数，结合生活经验感受生活中因为标准的不同，有时我们会把许多物体组成的一个整体也看作"1"，确定了"1"这个标准，我们就能累加得到不同的整数。接着让学生数教室门口的收纳箱，学生在感受计数单位"1"累加得到不同整数的同时，感受什么是单位"1"，一个物体、一个整体、一个计量单位等都可以被看作单位"1"。

【教学片段二】

师：单位"1"不仅可以累加，还可以均分，我们来看看这些同学把单位"1"怎么均分的？（出示课前测学生作品，如图 6-4）

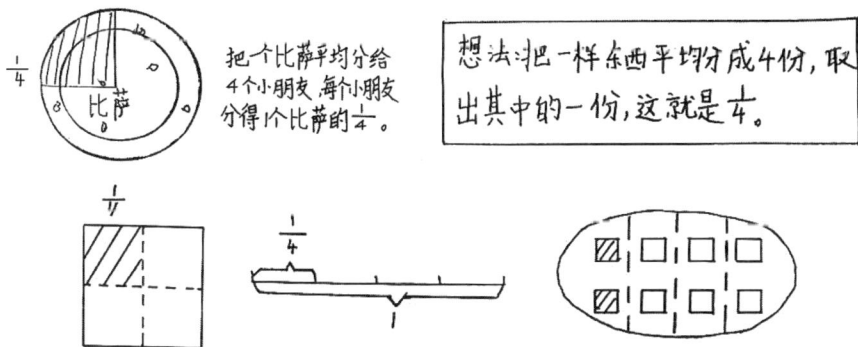

图 6-4

师：仔细观察，这些作品都能表示 $\frac{1}{4}$ 吗？为什么？

生 1：都可以表示 $\frac{1}{4}$。

生 2：都是被平均分成 4 份，取了 1 份。

师：这些作品有什么不同的地方？

生：它们的单位"1"不同。

师：每幅作品的单位"1"分别是什么？

生：第一个的单位"1"是一个比萨，第二个的单位"1"是一样东西，第三个的单位"1"是一个正方形……

师：如果让你留下一幅作品来表示 $\frac{1}{4}$，你会留下哪一幅？说说你的理由。

小组讨论交流。

生 1：我留文字，我觉得它写得很清楚明了。"一样东西"可以表示很多种类的东西。

生 2：我留正方形，从这个图形能简单、清楚地看出 $\frac{1}{4}$。

生 3：我想留线段图，这个线段图画起来很方便，图上标的 1 可以表示比萨、一样东西、一个正方形、8 个小正方形。

师：同学们说了自己的想法，我们来看看书上是怎样表示分数的。（出示：把单位"1"平均分成若干份，表示这样的一份或几份的数，叫作分数。）若干份是什么意思？

生：可以平均分成其他份数，如 5 份、6 份等。

师：这样就可以得到很多其他的分数。这里提到了"几份"，上面这些作品除了可以表示四分之一，还能表示几分之几？

生：还能表示 $\frac{2}{4}$、$\frac{3}{4}$、$\frac{4}{4}$。

师：如果把这些数表示在数轴上，要怎么办？

生：先把 0~1 这段看作单位"1"，再把这段平均分成 4 份。

师：一份就是 $\frac{1}{4}$，你能数出其他的分数吗？

生：2个 $\frac{1}{4}$ 是 $\frac{2}{4}$，3个 $\frac{1}{4}$ 是 $\frac{3}{4}$，4个 $\frac{1}{4}$ 是 $\frac{4}{4}$。

师：在刚刚数的时候，你认为哪个分数很重要？（$\frac{1}{4}$）表示这样一份的数是分数单位。把单位"1"平均分成4份，分数单位是 $\frac{1}{4}$，我们再数有几个 $\frac{1}{4}$。如果把单位"1"平均分成5份，分数单位就是 $\frac{1}{5}$，再数有几个 $\frac{1}{5}$。如果把单位"1"平均分成8份呢？

……

【设计说明】学生在三年级已经认识过分数，课前进行学情了解，让学生用喜欢的方式表达对分数 $\frac{1}{4}$ 的理解。学生作品有：画比萨，将其平均分给4个小朋友；用文字表述把一样东西，将其平均分成4份，取出其中的一份；画正方形，将其平均分成4份，用阴影表示其中的1份；画线段，将其平均分成4份，表示其中的1份；画8个小正方形，将其平均分成4份，用阴影表示其中的1份……选取部分有代表性的作品让学生在课上交流，观察同学们课前对分数的理解，进行四次比较。第一次比较相同之处，都能表示出 $\frac{1}{4}$ 吗？抽象出"平均分成4份，表示这样的1份"。第二次比较不同之处，体会不同的作品中的单位"1"是不同的，但不论单位"1"是什么，只要被平均分成了4份，就表示这样的1份就是 $\frac{1}{4}$。第三次比较，"如果让你留下一幅作品来表示 $\frac{1}{4}$，你会留下哪一幅？说说你的理由。"在比较不同作品后，能感受到学生在说理的过程中对一些作品的表达存在不足。第四次比较作品和书上有关分数的定义，让学生在对比中感受还可以表示这样的几份，在图上找几份，也就是找几个 $\frac{1}{4}$，感受分数单位的重要性。接着在对比中感受"若干份"可以被平均分成任意的份数，从而产生很多分数；结合数轴感受"若干份"被平均分成了几份，就可以表示出一个或几个几分之一，感受分数也是分数单位累加得到的数。

【教学片段三】

师：这里一共有几个桃？（16个）可以被看作单位"1"吗？（可以）把其中的4个涂色，你能看到分数吗？（生说能）你能看到不同的分数吗？

把你看到的分数在图上表示出来。在小组内交流你的想法，看看哪个小组想到的分数更丰富。（图6-5）

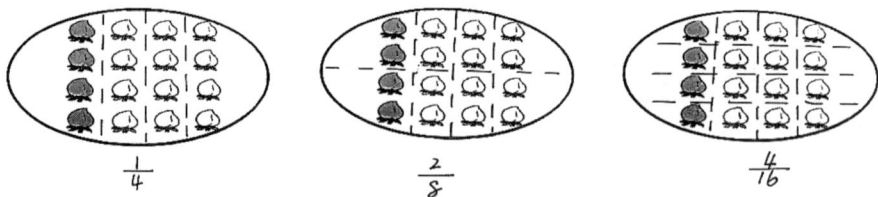

图6-5

生1：把16个桃平均分成4份，其中的1份是$\frac{1}{4}$。

生2：把16个桃看作单位"1"，平均分成8份，涂色的桃是2份，是$\frac{2}{8}$。

生3：把这些桃平均分成了16份，4个桃刚好是4份，是$\frac{4}{16}$。

师：这三幅作品表示了三个不同的分数$\frac{1}{4}$、$\frac{2}{8}$、$\frac{4}{16}$，好奇怪啊，怎么同样都是把16个桃平均分，涂色部分都是4个桃，每个人表示的分数却不一样呢？

生：因为平均分的份数不一样。

师：平均分的份数不一样，也就是得到的分数单位不一样，数出来的份数也不一样，这样得到的分数就各不相同。这几个分数的分子、分母都不一样，它们之间有没有联系呢？

生：这3个分数大小相等。

师：是的，它们大小相等，而且都是表示4个桃与16个桃之间的关系。这边还有一幅作品，它和表示$\frac{1}{4}$的图一样，为什么写的分数不一样呢？我们请作者来说一说。

生：我是看空白部分有3份，所以我写的是$\frac{3}{4}$。

师：我们一起来看看这幅图的空白部分，数一数，是3份，也就是3个$\frac{1}{4}$，是$\frac{3}{4}$。其他图的空白部分分别是几分之几呢？

132

生：$\dfrac{6}{8}$。

生：$\dfrac{12}{16}$。

师：听完他们的发言，你觉得分数和什么有关系呢？

生：分数和单位"1"被平均分的份数有关，还和表示的份数有关。

生：写分数的时候要说清楚你写的分数是表示涂色部分还是空白部分。

师：还是这些桃，如果拿走 4 个，拿了全部的几分之几？

生：$\dfrac{1}{4}$，$\dfrac{2}{8}$，$\dfrac{4}{16}$。

师：如果再拿 4 个，拿了剩下的几分之几？

生：$\dfrac{1}{3}$，$\dfrac{2}{6}$，$\dfrac{4}{12}$。

师：为什么都是拿 4 个，表示的分数又不一样呢？

生：单位"1"变了，平均分的份数也变了，分数就变得不一样了。

【设计说明】设置了一个"分桃"的情境活动，从整数的角度数出来是 16 个桃，通过把 16 个桃看作一个整体，也就是看作单位"1"，将桃的数量从"16"抽象成"1"。接着给其中的 4 个桃涂色，不同的学生能看到不同的分数，让学生表征自己想到的分数，通过小组展示进行三个层次的对比。一是对比 $\dfrac{1}{4}$、$\dfrac{2}{8}$、$\dfrac{4}{16}$，同样的图表示出的分数的分子和分母都不相同，进一步体会分数和平均分成的份数以及表示的份数有关。虽然分数的分子和分母都不相同，但分数大小不变，感受部分与整体的关系不变。二是比较同一幅图，看涂色部分和空白部分得到的分数不同，体会如果分数单位相同，但分数单位的个数不同，产生的分数也是不同的。同时也让学生多角度观察，可以看涂色部分，也可以看空白部分。三是比较两次取走 4 个桃，分别取走了几分之几。先从这 16 个桃中取走 4 个，取走了全部桃的几分之几；再从剩下的 12 个桃中取走 4 个，取走了剩下的几分之几。学生在对比中体会单位"1"的改变，平均分的份数的改变，就会改变 4 个桃与单位"1"的关系。

【教学片段四】

师：现在你对分数肯定有了新的认识，刚刚我们在数轴上数出了 $\frac{1}{4}$、$\frac{2}{4}$、$\frac{3}{4}$、$\frac{4}{4}$，$\frac{4}{4}$ 其实也就是——1。那有没有 5 个 $\frac{1}{4}$？如果有，会在哪里呢？

生：有 5 个 $\frac{1}{4}$。在 1~2 这一段上，把这段也平均分成 4 份（用手指出 1~2 段中平均分成 4 份后得到的第一份），这里就是 $\frac{5}{4}$。

师：接着我们还能数出——

生：$\frac{6}{4}$，$\frac{7}{4}$，$\frac{8}{4}$，$\frac{9}{4}$……

师：$\frac{8}{4}$ 就是 2，数分数单位可能得到分数，也可能得到整数。三年级时我们还把单位"1"平均分成过 10 份，一份是？（$\frac{1}{10}$），也可以是（0.1），那我们可以数出多少？

生：0.1、0.2、0.3、0.4……

生：$\frac{1}{10}$、$\frac{2}{10}$、$\frac{3}{10}$……

师：数这些小数时最重要的是哪个小数？（0.1）这是小数的计数单位。将单位"1"平均分成 10 份、100 份……能得到分数单位十分之一、百分之一等，也能得到小数的计数单位 0.1、0.01 等，累加起来就能得到很多不同的小数。看 2、0.2 和 $\frac{2}{10}$，分别是怎么数出来的？

生：2 个 1，2 个 0.1，2 个 $\frac{1}{10}$。

师：有什么相同的地方？

生 1：都是在数计数单位。

生 2：它们都有 2 个计数单位。

师：对啊，不过今天认识的分数是先分再数，先平均分，得到分数单位，再数有几个这样的分数单位，累加分数单位得到新的分数。

师：这是在我们二年级和三年级的学习中出现过的图（图 6-6），现在我们再来一起数一数，并用数表示数出的结果。

134

图 6-6 "分数的意义"评价练习图

学生独立练习。

师：你写出的数分别是什么？

生：第一幅图是 324，第二幅图是 0.6，第三幅图是 $\frac{4}{5}$。

生：第二幅图是 $\frac{6}{10}$。

师：第二幅图既可以写 $\frac{6}{10}$，也可以写 0.6。同学们，不论整数还是小数、分数，它们都有相同的地方，都可以通过数计数单位得到新的数。

【设计说明】"分数的意义和性质"属于"数与运算"的主题，在这个主题中对数的认识与数的运算关联密切，数的意义和表达方式关系到运算的算理，分数表达方式是多少个分数单位。这里借助数轴让学生体会数分数单位可能数出小数、整数，三种数是有关联的，都是在数计数单位的个数，体现了"数与运算"中的大观念，体现了核心内容的一致性。接着让学生带着新的眼光去看以前教材里出现过的图，体会计数单位的累加会得到新的数。

【总评】

关于数的认识，《义务教育数学课程标准（2022年版）》指出："初步体会数是对数量的抽象，感悟数的概念本质上的一致性，形成数感和符号意识。"这就要求我们在教学中，能整体分析"数的认识"内容的结构体系，准确理解所教学的内容在整个"数的认识"教材体系中的地位与作用。基于以上认识，从学理分析的角度来理解教材，把分数和整数、小数放在一起进行思考，整体建构，让学生体会分数和整数、小数都是计数单位个数的累加，具有相同的学科本质，体现数的认识概念本质上的一致性。认识数的关键是理解数的建构方法，事实上，所有的数都是基于计数单位来建构的。

一、通过"学理分析"梳理编排体系，体现设计理念

学理分析通过对知识结构形态的不断还原，发现数学本质、找到核心元素、清晰动态结构。苏教版教材对分数的认识分别安排在两个学段，一是符合学生的认知规律，体现螺旋上升的原则；二是有利于学生建立概念，感悟数学本质特征。小数、分数与整数之间有着密切关系，并存在本质上的一致性，基于以上认识，进行"分数的意义"教学设计与实践，就要将分数放在整个数系中去理解，体现数概念本质上的一致性。

二、通过"学理分析"确立单元知识结构，把握教学深度

分数的学习，起始于分数的意义，它是整个单元的知识基础，在此基础上学习真分数和假分数、假分数化成整数或带分数、分数与小数互化、分数的基本性质、约分、通分和分数的大小比较。在小学阶段，分数的意义理解的维度有"度量""比率""运作"和"商"等，相辅相成，从不同维度丰富学生对分数内涵的建构。不同维度的理解能帮助学生更加全面地认识分数，并能够从不同的角度灵活定义分数，不同的定义方式会和有序的分数内容学习建立联系。本节课的设计基于学理分析，以数计数单位的个数贯穿始终，连续环节数整数的计数单位，关联环节数分数的分数单位，循环环节数整数、小数和分数的计数单位。

三、通过"学理分析"进行课时内容分析，体现结构思想

课时内容的具体分析，就是把教材进行解构，化整为零，分析内部各元素之间的关系，经历整体—部分—整体的结构化过程。创设数数情境，抽象单位"1"，感受"1"的累加得到不同的整数，感受"1"的均分会得到小数或分数。教学中要充分利用学生原先对分数的认识，让学生表征对 $\frac{1}{4}$ 的理解，呈现学生不同的表征方式，让学生自己选择有代表性的作品，逐步抽象概括出分数的意义。再利用有联系的学材—桃子图，16 个桃子中有 4 个被涂色，让学生从中找到不同的分数，感受单位"1"是相同的，平均分成的份数不同，表示一份的分数不同，带来 4 个涂色部分与整体的关系的分数也是不同的。接着，从中取走 4 个桃子，取走了几分之几；再取走 4 个桃子，取走了现在

的几分之几。通过对比体会都是 4 个桃子，当单位"1"发生改变时，平均分的份数改变时，表示 4 个桃子与不同整体的关系的分数也会发生改变。最后从具体走向抽象，由实际情境到用数轴表示分数，体会分数和整数、小数一样，也可以表示数计数单位后得到的结果。

二、基于学情调查的教学实施

【教学片段一】

师：对于分数，我们并不陌生（师板书 $\frac{1}{4}$），这个分数读作?

生：四分之一。

师：$\frac{1}{4}$ 中的 4 是?（分母）1 是?（分子）你能举例说明 $\frac{1}{4}$ 的含义吗?你可以写一写、画一画、折一折，也可以借助老师提供的材料（长方形、正方形和圆形纸片、若干大小一致的小圆、1 米长彩带）。

（学生操作，教师巡视指导并找有代表性的学生作品。）

师：老师选了一些同学的作品，我们来看看同学们对 $\frac{1}{4}$ 的理解。

（展示学生的作品如图 6-7、图 6-8 所示）

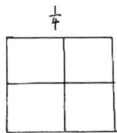

$\frac{1}{4}$ 是一个东西分成四份
$\frac{1}{4}$ 是分成的四个东西不一定平均

图 6-7

把一个物体平均分成4份，每一份都是这个物体的 $\frac{1}{4}$。

图 6-8

师：比较这两份作品，你有什么想说的?

生 1：是一个东西被分成四份，分成的每份不一定相等。这种分法是错误的，一定要平均分。

生 2：我认为第二份作品是对的，把一个物体平均分成 4 份，平均分才能让每份是一样的，这样每份才是它的 $\frac{1}{4}$。

师：看来同学们认为平均分很重要，我们把它记录下来。（板书：

137

平均分）我们再来看看这些同学的作品。

（展示学生的作品图 6-9、图 6-10）

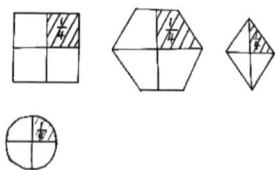

图 6-9

图 6-10

生 3：我画了正方形、六边形、菱形、圆形，把它们平均分成 4 份，用阴影表示了其中的一份，写了 $\frac{1}{4}$。

生 4：我把一条线段平均分成 4 份，将其中的一份表示为 $\frac{1}{4}$。

生 5：我把一张正方形纸对折再对折，平均分成 4 份，一份也是 $\frac{1}{4}$。

师：听了几位同学说的，你想到了什么？

生：只要把一个图形平均分成 4 份，取一份就可以表示 $\frac{1}{4}$。

师：那这里的图形可以是？

生：正方形、长方形、圆、三角形、线段……

师：是的，我们通过交流想到了更多的图形，在这些图形中，你觉得画哪种图形最方便？

生：画线段图，方便平均分。

师：这边还有几位同学摆放或画了一些这样的图，我们来听听他们的想法。

（展示学生的作品，图 6-11、图 6-12、图 6-13）

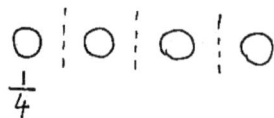

图 6-11

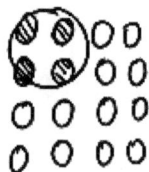

图 6-12

图 6-13

生 6：我是把 4 个圆平均分成 4 份，一个圆是 $\frac{1}{4}$。

生 7：我是把 16 个圆平均分成 4 份，圈出来的这一份是它的 $\frac{1}{4}$。

生 8：我也是把圆平均分的，将 12 个圆平均分成 4 份，每份有 3 个，这 3 个是 $\frac{1}{4}$。

师：他们的分法有什么相同和不同的地方？

生：都是平均分成 4 份，取一份。

生：他们不是把一个物体平均分，是把 4 个、16 个、12 个圆平均分。

师：也就是把这些圆看作了一个整体，为了清楚看出这个整体和表示的部分之间的关系，我们可以怎么完善这些图？

（学生完善后展示，图 6-14）

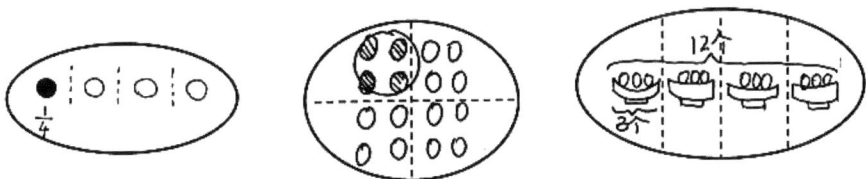

图 6-14

师：表示的都是 $\frac{1}{4}$，怎么有的表示的是 1 个圆，有的表示的是 4 个圆，还有的表示的是 3 个圆呢？

生：因为平均分的圆的个数不一样。

师：圆的个数还可以是多少个？

生：8 个、20 个……

生：也可以是 1 个。

师：比较这些作品，你觉得它们有什么相同的地方？

139

生：都是被平均分成 4 份，取了一份。

师：我们平均分的物体虽然不一样，但只要平均分成 4 份，表示这样的一份就可以用 $\frac{1}{4}$ 表示（板书：平均分成 4 份，表示这样的一份）。看这位同学写的（图 6-15），这里的分母就表示平均分成 4 份，分子就表示其中的一份。你觉得还可以把什么平均分来表示 $\frac{1}{4}$ 的含义呢？

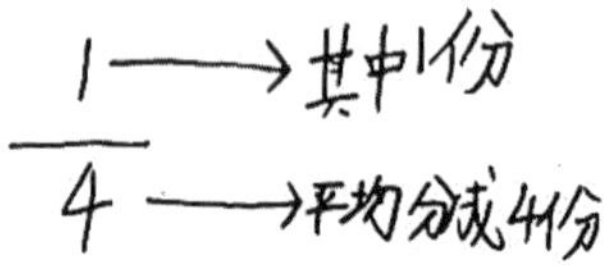

$$\frac{1 \longrightarrow 其中1份}{4 \longrightarrow 平均分成4份}$$

图 6-15

生：全班人数。

生：黑板。

……

师：大家提到的一个物体、一个图形、一个计量单位、许多物体组成的一个整体都可以用自然数 1 表示，通常我们把它叫作单位"1"。现在你能说出 $\frac{1}{4}$ 的含义了吗？

生：把单位"1"平均分成 4 份，表示这样的一份就是 $\frac{1}{4}$。（教师根据学生回答补充板书）

师：这些图上除了可以表示出 $\frac{1}{4}$，还能表示出几分之几？

生：还能表示 $\frac{2}{4}$、$\frac{3}{4}$、$\frac{4}{4}$。

师：这些分数都有什么相同的地方？

生：分母都是 4，都是四分之几。

生：都是由几个 $\frac{1}{4}$ 组成的。

【设计说明】基于学生三年级对分数的认识和认知经验，学生对于部分与总体关系的分数已经有了初步的认识，但都是基于对具体的一个或几个物体、图形以及计量单位的平均分，所以本节课的教学侧重点应放在如何引导学生由具体到概括。课始，选择学生原先对于分数理解的作品来展示，三次对比逐步概括分数的意义。第一次对比，对比学生"不平均分"和"平均分"的作品，感受"平均分"对分数的重要性。第二次对比，对比学生用不同的图形表征的作品，感受分数模型的多样性，可以选择多种合适的图形来表征。第三次对比，对比都是一个整体平均分的作品，一个整体里圆的个数不同也就是单位"1"不同，得到的一份的数量不同，但都可以用 $\frac{1}{4}$ 表示部分与整体的关系。学生作品中画图表征较多，文字表征较少，借助一个物体表征较多，借助一些物体表征较少。经历三次对比后，学生能感受到虽然用来平均分的单位"1"不同，但都可以用来平均分成相同的份数后表示一个相同的分数，感受分数的本质特征。

【教学片段二】

师：刚刚我们举例解释了分数 $\frac{1}{4}$ 的意义，在实际生活中也有很多其他的分数。我们来看看这里的每个分数分别是把什么看作单位"1"的？把单位"1"平均分成了几份？表示这样的几份？

（师出示课前搜集的有关分数的信息1）：灰霾天占全年的三分之二以上。

生：把全年的天数看作单位"1"，平均分成3份，灰霾天有这样的2份。

师：听完这条信息，你知道了什么？

生：说明灰霾天很多。

生：空气质量不好。

师（出示信息2）：草莓烂了大概十分之一。这里的十分之一又是什么意思呢？

生：把草莓的总量看作单位"1"，平均分成10份，烂了的草莓占了1份。

师：听完以后，你有什么感受？

生：损失很大。

生：灰霾天对草莓的生长也有很大的影响。

生：还有 $\frac{9}{10}$ 的草莓是好的。

师：是的，这些分数传递给我们很多信息。看油箱上的 $\frac{1}{2}$，你能说清楚它的含义吗？

生：把油箱容量看作单位"1"，平均分成 2 份，半箱油是这样的 1 份。

师：这里还有一个特别的分数，我们来看一看：$\frac{1}{50}$ 秒，一个非常短的时间，照相机快门能闪一次。这个分数特别在哪里？

生：它的后面有单位名称"秒"。

师：那你觉得这个分数是把什么看作单位"1"的？

生：把 1 秒看作单位"1"，平均分成 50 份，快门闪一次的时间有这样的 1 份。

师：大家再读一读这个分数，你有什么发现？

生：快门闪得很"快"。

师：刚刚我们可以把一个物体、一个图形、一个计量单位、许多物体组成的一个整体看作单位"1"，把单位"1"平均分成 4 份、3 份、50 份等，表示这样的 1 份、2 份等，都可以用分数来表示。通过刚才的学习，你觉得什么样的数叫作分数呢？

生：把单位"1"平均分成几份，表示几份的数。

生：把单位"1"平均分成 n 份，表示 m 份的数。

师：根据这位同学说的，那这个分数可以写成？（$\frac{m}{n}$）我们一起来看看书上是怎么写的，呈现书上的内容：把单位"1"平均分成若干份，表示这样的一份或几份的数，叫作分数。表示其中一份的数，叫作分数单位。（完善板书）你能理解这个提到的若干份吗？

生：随便多少份。

生：最少平均分成 2 份。

生：可以是 2 份、3 份、4 份……

师：对啊，只要平均分成几份，表示这样的一份的数就是分数单位。

$\frac{1}{4}$ 的分数单位是 $\frac{1}{4}$，$\frac{1}{4}$ 里有 1 个这样的分数单位。请你说一说刚刚认识的几个分数的分数单位，分别有几个这样的计数单位？

生 1：$\frac{2}{3}$ 的分数单位是 $\frac{1}{3}$，有 2 个 $\frac{1}{3}$。

生 2：$\frac{1}{10}$ 的分数单位是 $\frac{1}{10}$，有 1 个 $\frac{1}{10}$。

生 3：$\frac{1}{2}$ 的分数单位是 $\frac{1}{2}$，有 1 个 $\frac{1}{2}$。

生 4：$\frac{1}{50}$ 的分数单位是 $\frac{1}{50}$，也是有 1 个分数单位。

师：刚刚有同学提到的 $\frac{m}{n}$ 呢？

生：它的分数单位是 $\frac{1}{n}$，有 m 个分数单位。

【设计说明】学生先经历了由具体的多样表达到概括出 $\frac{1}{4}$ 的意义，这里让学生再由概括回到具体，实现对分数意义中核心元素单位"1"、平均分、分数单位的理解。接着呈现生活信息中的分数，让学生面对具体情境中的某个分数确定把哪个量看作单位"1"，这些分数的实际意义是什么，在这些用分数表示的信息背后又能得到一些什么新的信息，让学生在解释、交流的过程中加深对分数意义的理解，再次抽象概括出分数的意义，而不仅是某个具体的分数的意义，更具有一般性、代表性，这个过程符合学生的学情和认知规律。

【教学片段三】

师：再来看一组图（图 6-16），你能在图中看到哪些分数？说出你看到的每个分数的分数单位是多少？各有几个这样的分数单位？

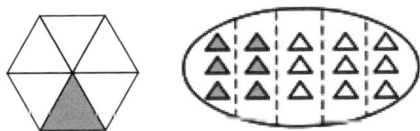

图 6-16

生：第一幅图中涂色部分是这个图形的 $\frac{1}{6}$，分数单位是 $\frac{1}{6}$，有 1 个这样的分数单位。

生：空白部分是这个图的 $\frac{5}{6}$，分数单位是 $\frac{1}{6}$，有 5 个这样的分数单位。

生：第二幅图中涂色部分是这个整体的 $\frac{2}{5}$，空白部分是 $\frac{3}{5}$，分数单位都是 $\frac{1}{5}$，$\frac{2}{5}$ 里有 2 个 $\frac{1}{5}$，$\frac{3}{5}$ 里有 3 个 $\frac{1}{5}$。

师：比较每幅图中的两个分数，你有什么发现？

生：每幅图中的两个分数的分母相同，分数单位也相同。

生：每幅图中两个分数相加得到 1。

生：我还看到这两幅图分数的分母不同，分数单位也不同。

师：怎么很快地看出一个分数的分数单位？找到有几个分数单位？

生：看分数的分母，分母是几，分数单位就是几分之一。分子是几，就有几个分数单位。

师：真厉害，每个分数的分数单位都是 $\frac{1}{(\quad)}$，分子是几，就有几个这样的 $\frac{1}{(\quad)}$。

师：我们也可以用直线上的点来表示分数，出示数轴图，把长方形图平移至数轴，缩小到数轴上。根据图上的信息，你可以表示出哪些分数？（图 6-17）

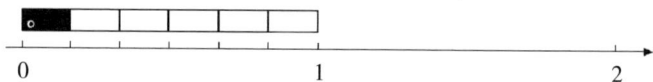

图 6-17

生：$\frac{1}{6}$、$\frac{2}{6}$、$\frac{3}{6}$、$\frac{4}{6}$、$\frac{5}{6}$、$\frac{6}{6}$。

师：$\frac{6}{6}$ 是 6 个 $\frac{1}{6}$，也就是 1。那会有 7 个 $\frac{1}{6}$ 吗？怎么表示？

生：把 1~2 之间的这段再平均分成 6 份，再取一份就是 $\frac{7}{6}$。

师：根据他说的，我们还能找到什么？（$\frac{8}{6}$、$\frac{9}{6}$……）

师（出示书上的练习）：书上第二个点为什么写的是 $\frac{1}{3}$？

生：将 6 格平均分成 3 份，2 格就是 1 份，1 份就是 $\frac{1}{3}$。

144

师：那 $\frac{2}{3}$ 在哪里？（学生指 $\frac{4}{6}$ 处），看来同一个点从不同角度看能用不同的分数表示，这些分数的分子、分母都不相等，但分数的大小却是相等的。

师：能根据图及文字准确、快速地说出分数，你能涂色表示分数吗？尝试在图 6-18 中的每幅图里涂色表示 $\frac{2}{3}$。

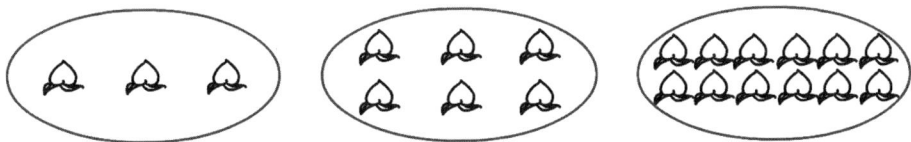

图 6-18

学生在图中涂色表示 $\frac{2}{3}$。

师：比较你涂色后的三幅图，有什么相同和不同的地方？

生 1：都是把单位"1"平均分成 3 份，涂了 2 份，表示 $\frac{2}{3}$。

生 2：不同的地方是每幅图被涂色的桃的数量是不一样的，第一幅图涂了 2 个，第二幅图涂了 4 个，第三幅图涂了 8 个。

生 3：那是因为被看作单位"1"的桃的数量不同，每次需要涂的桃的个数也不同。

师：不论是涂了几个，都表示涂色部分与整体的"关系"，3 份中的 2 份。你能再想办法创作一个其他的表示 $\frac{2}{3}$ 的作品吗？请你试一试。

学生表征后展示学生作品并说自己想法。

师：这节课就要结束了，一节课的时间是 $\frac{2}{3}$ 小时，这里的 $\frac{2}{3}$ 表示什么呢？

生：这是把 1 小时看作单位"1"，把 1 小时平均分成 3 份，一节课的时间有这样的 2 份。

师：刚刚我们看到的所有表示 $\frac{2}{3}$ 的作品有什么共同点？

生：都是把单位"1"平均分成 3 份，表示有这样的 2 份。

生：分数单位都是 $\frac{1}{3}$，有 2 个这样的分数单位。

【设计说明】循环环节充分利用了苏教版教材上的 4 道练习题，只是把题目要求和呈现方式做了一些改变。"练一练"第 1 题看图写分数，减少了两幅图，题目要求做了一点改变，没有直接明确写涂色部分表示的分数，改为"你能在图中看到哪个分数"，想让学生从不同角度来观察图，涂色的和空白的部分都可以用分数来表示。"练一练"第 2 题，把数轴图和长方形图放在一起呈现，把直观的长方形与抽象的数轴建立联系，让学生先找分数，再呈现书上的数轴图，观察书上标出的 $\frac{1}{3}$ 和刚刚数出的 $\frac{2}{6}$，感受等值分数的存在。再让学生找 $\frac{2}{3}$，也就是原来找的 $\frac{4}{6}$。练习八对第 1 题和第 4 题中的第（3）小题进行了整合，先让学生多元表征 $\frac{2}{3}$，再引入 $\frac{2}{3}$ 小时，让学生从"率"和"量"的角度来进一步认识分数。

【总评】

"分数的意义"是在学生学习了"分数的初步认识（一）"和"分数的初步认识（二）"的基础上展开学习的，学生已经在三年级初步建立了有关分数的模型，教学将基于此让学生从直观走向抽象。通过学情调查，学生能借助直观图来表示对分数的理解，部分学生已经能借助多种不同的图形或方式来表征分数。基于以上学情，紧扣学习难点"理解分数的意义"，理解单位"1"、分数单位等进行教学实践。

一、真实学情引入，联系已有经验

基于学生实际学情，在课堂上让学生借助动手操作，折一折、画一画、摆一摆、写一写等方式表征对分数 $\frac{1}{4}$ 的理解。联系学生已有经验，让学生有机会展示、交流自己的理解，在生生评价中初步理解单位"1"，能借助直观来表达对分数的理解。学生表征的作品是不同的，在理解其他同学的作品的过程中感受单位"1"虽然不同，但只要是被平均分成 4 份，这样的 1 份就可以用 $\frac{1}{4}$ 表示。在对比中逐步克服情境因素的影响，关注分数意义的本质。

二、真实情境应用，关联意义理解

让学生在解释实际情境中分数所表示的意义等活动中，进一步体会分数的应用价值，感受分数与生活的联系。教师努力挖掘隐藏于生活中的学习素材，并引导学生通过现实生活素材理解数学，同时将所学的数学内容应用于现实生活。数学结构化教学特别强调从"真实"情境中来，到"真实"问题中去，基于对学生学习和生活经验的了解和分析，整合教材资源，创新设计教学活动和学习过程。当学生初步感知分数的意义后，让学生解释生活中分数的意义，选择了有关雾霾天气的信息、生活中汽车油箱的图片信息、相机快门的介绍信息等，多角度呈现不同的实际情境，让学生结合具体的情境感受分数的意义以及用分数表达信息所带来的新的信息。

三、抽象回归具体，循环提升能力

学生在经历分数意义的抽象、概括的过程中，进一步发展数感，培养观察、抽象、概括的能力。当学生概括出分数的意义后，让学生回到具体情境中解释分数的意义，让学生在书上已有的表征$\frac{2}{3}$方式的基础上，再想出不同的方式来表征对$\frac{2}{3}$的理解。经历了连续环节对不同学生作品的学习，学生在循环环节充分运用课堂上学习到的新本领，更新原有的表征方式，做出个性化的理解。分数的出现是数系的一次扩充，作为抽象的数，分数本质上是无量纲的，但是具体到实际应用中，脱离了自然数的学习经验，分数兼具量纲性和无量纲性的特点。实际问题中出现的有量纲性分数是一种"量"的意义模型，表示具体量的大小，学生表征$\frac{2}{3}$后加入了对"一节课的时间是$\frac{2}{3}$小时"中$\frac{2}{3}$的理解。通过对比，让学生感受实际问题中出现的无量纲性分数是一种"率"的意义模型，表示量之间的关系，分数能准确地刻画数量之间"率"的关系。这一类分数在生活中没有对应表征的实际数量，而是用于表示数量之间的分率关系，对两类分数意义模型的辨析有助于学生深度理解分数概念。在教学中，我们要利用好教材中的练习，理解题目编排意图，改变呈现方式，让学生在评价中提升能力。

三、基于结构化学材的教学实施（一）

【教学片段1】

师：想要知道黑板长多少米，用什么来测量？

生：直尺、卷尺等。

师：（展示用米尺量）没测量之前，你们先猜猜有多长？

生：3米，3.5米。

师：什么时候测量的结果是自然数，什么时候是小数呢？

生：测量时正好几次能够量完，结果就是自然数，如果量了还有零头，就用小数表示。

师：看来量而无余就用自然数表达，量而有余就用小数表达，是吗？小数中的这个"0.5"是怎么来的？

生：把1米平均分成10份，1份就是0.1米，5份就是0.5米。

师：（展示米尺反面，平均分成10份）是这个意思吗？看来，不能用自然数表达结果的时候，我们想到了用更小的计量单位，产生了小数和分数。当然，我们也可以用分米表示结果。我们来量一量黑板，到底是多少？（测量显示3.2米还多一点）要想知道多一点到底是多少，怎么办？

生：把1米平均分成100份，如果还有余就把1米平均分成1000份。

师：用更小的小数计量单位表示测量的结果或者用新的更小的单位表示结果，是吗？可不可以这样分？（展示三等分）把1米平均分成3份呢？这就产生了一个什么新单位？

生：$\frac{1}{3}$米。

师：$\frac{1}{3}$米，就是中国过去常用来测量长度的单位"市尺"，1市尺就是$\frac{1}{3}$米。

【设计说明】自然数的产生源于数，分数的产生源于分和量，分而不足，量而有余，产生了使用分数的需求。在课堂上选择了量的真实情境引入，让学生在测量中亲历量而有余产生分数（小数）或者更小的计量单位的数学事实，学生不仅容易信服，而且能将层级的计量单位与分数表达相联系，体会数学表示方法的多样性，同时，市尺这一情境具有中国数学的传统文化背景。选择米尺作为对象平均分为后面转化为数轴提供了表征基础，测量的真实情境也为后续假分数的产生埋下伏笔。

【教学片段2】

师：这个米尺真有意思，分一分，产生了分数、小数。我们把米尺卷一卷，卷成一个近似的圆。（出示一个圆）这个圆的周长是1米，在这个圆里，你还能找到$\frac{1}{3}$吗？

生：把这个圆平均分成3份，1份就是它的$\frac{1}{3}$。

师：这个是$\frac{1}{3}$（指米尺上），这个也是$\frac{1}{3}$（指圆上），为什么都可以用$\frac{1}{3}$表示？

生：一个圆，一把米尺都被平均分成3份，其中一份都可以用$\frac{1}{3}$表示。

师：其实我们在以往的学习过程中也见过各种$\frac{1}{3}$，你能概括一下什么是$\frac{1}{3}$吗？

生：把一个物体（一个整体、单位"1"）平均分成3份，这样的1份就可以用$\frac{1}{3}$表示。

【设计说明】根据国外的研究发现，对于分数的表征方式，从面积这一角度理解最容易，而最难的是从数轴上理解分数是一个"数"的概念本质。将软米尺围成圆形，从圆形中找出$\frac{1}{3}$，就是为了让学生从最容易理解的方式入手，感受分数从"分"中产生的数学事实。圆的$\frac{1}{3}$和米尺的$\frac{1}{3}$对应，正是为了统一"量"和"分"的事实，从中产生对于$\frac{1}{3}$的不同表征方式本质的探寻，促进对$\frac{1}{3}$分数意义整体性的理解，这也是这一学材创造的用意所在。

【教学片段3】

师：除了 $\frac{1}{3}$，你还能"创造"几分之一？

出示研究要求：

（1）想一个分数 $\frac{1}{(\ \ )}$，表达出它的意思。（画一画或写一写）

（2）讨论：像 $\frac{1}{(\ \ )}$ 这样的分数能找得完吗？为什么？

（3）除了 $\frac{1}{(\ \ )}$，还有其他形式的分数吗？把你想到的写下来。

师：第一题（出示画图和文字），哪种能更准确地概括出这个分数的意义？为什么？

生：用文字更能概括出所有情况。

师：这里的单位"1"是什么意思？

生：一个图形，一个蛋糕，一个整体，所有平均分的对象都可以看作单位"1"。

师：第二题，都觉得找不完，括号里能填任何数？

生：任何数，任何整数。

生：不是任何整数，应该是自然数，还不能是0。

师：对，一般情况下填写比1大的自然数。

生：$\frac{1}{n}$。这个 n 表示比1大的自然数。（学生鼓掌）

师：真聪明，小小的字母帮我们大忙了。第三题，几位同学写的这些分数你们都认识吗？这个 $\frac{2}{3}$ 是什么意思？你能在圆图上找到吗？

生：把圆平均分成3份后，其中的2份就是 $\frac{2}{3}$。

生：把米尺平均分成3份，2份就是 $\frac{2}{3}$。

师：它和 $\frac{1}{3}$ 有关系吗？有什么关系？

生：有关系，2个 $\frac{1}{3}$ 就是 $\frac{2}{3}$。

师：你还能直接看出几分之几？和 $\frac{1}{3}$ 有什么关系？还能想到什么？

生：$\frac{3}{3}$，是 1 个整圆，3 个 $\frac{1}{3}$ 是 1。

师：（把围成圆形的软米尺取下，贴在黑板上）现在这个数轴的起点是 0，你还能找到哪里是 $\frac{1}{3}$ 吗？$\frac{2}{3}$ 和 $\frac{3}{3}$ 呢？（学生指出 $\frac{1}{3}$、$\frac{2}{3}$ 和 $\frac{3}{3}$ 的位置）

师：后面还有数吗？

生：还有 $\frac{4}{3}$、$\frac{5}{3}$ 等，无穷无尽。

师：$\frac{4}{3}$、$\frac{5}{3}$ 真的存在吗？（现场演示用均分 3 份的软米尺测窗户的长度，让学生数一数有几个 $\frac{1}{3}$）

生：有 $\frac{4}{3}$、$\frac{5}{3}$，还会有更多的分数，数也数不完。

【设计说明】在数轴上表征分数，具有将现实情境与有形对象进一步转化为"数学符号"的作用，是沟通各种表征形式的良好介质，但也是学生学习的难点。为了突破难点，让学生用不同的方式表征几分之一，从丰富的表象再回到圆、米尺，找到几分之几，从米尺上细长的条形块这一几何模型过渡到数学的语言与符号——数轴，逐步抽象，符合学生的认知规律。除此之外，再次运用了"量"的情境，让学生用被均分成 3 份的软米尺测量窗户的长，让学生在数有几个 $\frac{1}{3}$ 的过程中体会到假分数的真实存在，就此拓展出去，丰富了对数轴上数的无限性的认识，并确认了有比"1"大的分数的数学事实。

【教学片段 4】

师：看来这个 $\frac{1}{3}$ 很重要，一个个 $\frac{1}{3}$ 累加，就能得到 $\frac{2}{3}$、$\frac{3}{3}$、$\frac{4}{3}$……刚才有的同学提到了一个表达式 $\frac{1}{n}$，如果 $\frac{1}{n}$ 累加呢？

生：不断累加 $\frac{1}{n}$ 就得到 $\frac{2}{n}$、$\frac{3}{n}$、$\frac{4}{n}$……无穷无尽的分数。

师：像这样不断累加 $\frac{1}{n}$ 就得到无穷无尽的分数，这个 $\frac{1}{n}$ 就叫作分数单位。自然数、小数有计数单位吗？它们可以看作是由哪个计数单位累加得到的？

生：自然数从 1 开始，可以看作 1 不断累加得到无数个自然数。

生：小数可以看作 0.1、0.01、0.001……不断累加得到无数的小数。

师：看来分数和自然数、小数一样，都可以看作是由某个计数单位不断累加得到的，是吗？这个 $\frac{1}{n}$ 累加能得到自然数吗？

生：可以，比如 3 个 $\frac{1}{3}$ 就是 1，那么 6 个 $\frac{1}{3}$ 就是 2。

师：所有整数都可以转化为分数，是吗？那小数呢？小数和分数有什么联系？

生：一位小数都可以看作十分之几，两位小数都可以看作百分之几……

师：是啊，小数的定义就反映了和分数的联系。自然数、小数和分数密不可分，在一些特殊情况下，这些小数、自然数都可以和分数进行互相转化。

【设计说明】数学思维模式和数学事实同样重要。分数、小数和整数看起来形式上有很大不同，但是从本质上都可以看作由不同的计数单位累加形成的数系，从这一点来看，分数单位的作用不言而喻，它是产生丰富多样的分数的计数基础，所以在学习中加强了对分数单位的认识。当然分数和整数、小数的联系还体现在可以适时进行互相转化，分数、小数的互化从小数定义中就有所反映，而分数和整数之间的转化，学生没有经验，所以特地安排了在米尺均分和测量的过程中让学生看到分数和整数的互化，为后续的学习奠定了基础。

【教学片段 5】

师：（出示图 6-19）从左边图中你能看出几分之几？从右边图中你能看出几分之几？怎么看的？

图 6-19

生：从左图中能看出 $\frac{1}{4}$，从右图中能看出 $\frac{1}{4}$，也能看出 $\frac{4}{16}$。

师：看来 $\frac{1}{4}$ 和 $\frac{4}{16}$ 有关系，是吗？

生：它们的面积一样大，所以 $\frac{1}{4}$ 和 $\frac{4}{16}$ 两个分数相等。

师：说得很有道理。再来看这两幅图。（出示图6-20）你能看出哪些分数？

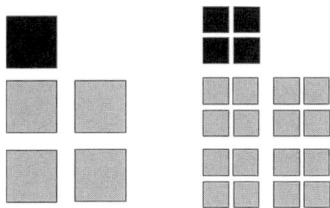

图 6-20

生：我看出来的是 $\frac{1}{5}$ 和 $\frac{4}{20}$。

师：怎么看出来的？

生：一共有 5 个方格，1 个方格就是 5 个方格的 $\frac{1}{5}$。

生：4 个小格子和 20 个小格子比一比，应该是 $\frac{4}{20}$。

生：我们可以 4 个 4 个合并起来，就能看出是 $\frac{1}{5}$。

师：看出了和前面图中（图6-19）不一样的分数是吗？仔细想一想，还能看成 $\frac{1}{4}$ 和 $\frac{4}{16}$ 吗？

生：可以看出 $\frac{1}{4}$。我们用一条线将其分成两个部分，（到屏幕前比划把红色和蓝色格子分开）你们看，就是 4 个和 16 个比一比，不就是 $\frac{1}{4}$ 吗？

师：想明白了吗？很厉害！我们把蓝色部分看作单位"1"，红色部分是蓝色部分的 $\frac{1}{4}$。

图 6-21

师：现在变成了这样（1 元、2 元、5 元、10 元人民币各一张）（图 6-21），你还能看出分数吗？

生 1：能看出来啊，1 元和 5 元相比，1 元就是 5 元的 $\frac{1}{5}$。

一些学生脸上露出了困惑的表情。

师：看来有的同学还有疑惑，你能给大家解释一下这个 $\frac{1}{5}$ 是什么意思吗？

生 1：5 元里面有 5 个 1 元，把这个 5 元想成是 5 张 1 元的，拿 1 元和它去比，就是它的 $\frac{1}{5}$。

不少学生点头。

生 2：2 元就是 5 元的 $\frac{2}{5}$。2 元就是 2 张 1 元，5 元就是 5 张 1 元，2 张是 5 张的 $\frac{2}{5}$。

师：这样理解是不是就容易多了？

生 3：我还看出 5 元是 10 元的 $\frac{1}{2}$。5 张 1 元正好是 10 张 1 元的一半，就是 $\frac{1}{2}$。

师：那这么说，5 元还可以看成是 10 元的——

生 3：$\frac{5}{10}$。

师：（出示图 6-22）下面的每组图形中，其中一个表示 1，另一个可以用什么数表示？为什么？

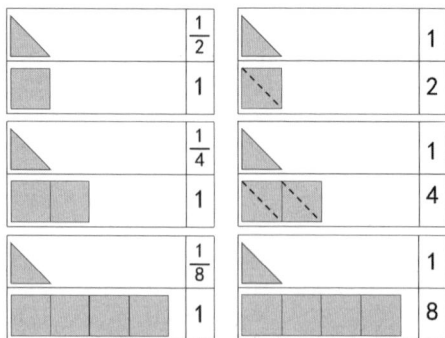

图 6-22

学生快速说出答案。

师：怎么这么快得到答案？

生：我是一组一组横着看的，比如第一组，图案都一样，下面的图形都是上面的 2 倍。后面也一样，都是有倍数关系。

生：我是竖着看的，都是三角形和正方形或长方形比，有规律，2 倍、4 倍、8 倍，而且左右对比也是有规律的，比如右边填的是 2 和 1，左边就是 1 和 $\frac{1}{2}$，其实都表示两倍关系。

师：你们都很善于观察。图形没变，为什么填的数会变？

生：因为每次都是把不同的图形看作单位"1"，所以填的数就会发生变化。

师：看来把什么看作单位"1"很重要，找到图形之间的倍数关系就能顺利解决问题。

【设计说明】分数的多重意义决定了分数学习的复杂性，分数表示两个量的比则是另一难点。学习了分数表示"数"的意义后，在循环环节安排分数表示两个量之间关系的学习是非常必要的。为了突破学生传统的从面积大小中产生分数的思考局限，安排了多层次递进练习。从熟悉的正方形开始，利用正方形按不同份数均分、涂色感受到等值分数的存在。接着在原有均分基础上进行变化，在分数变与不变的冲突中明确分数表示"数量"和"关系"的不同内涵。接着让学生比较不同币值的人民币，学生借助面积模型和币值的大小找到它们之间的关系，用分数正确表达不同币值人民币之间的关系。之后又让学生在三角形和正方形的面积关系中体会数的变换，进一步加深了对分数表达两个量之间"关系"的理解。分数意义的学习过程，体现了结构化学习的整体性特征，是基于数学本质的学习。

【总评】

分数的意义是抽象的数概念，虽然经过三年级的学习，学生已经有了一些生活经验和学习经验，但仍然需要大量的感性学材来支撑概念的建立，并通过变化的情境对比来逐步建构分数的概念。本课例从分数的产生入手，开发了一系列有利于学生学习的结构化学材，促进学生对数概念的整体建构。让学生在"真实"情境中，注重运用多元表征，创新应用模型，引导学生开展合作探究，实现实际意义的关联建构，发展抽象、推理、模型等综合能力，完善认知结构，在想象、修正、反思中提高认知水平，在对话、操作、合作中促进心智发展。

一、组织基于真实情境的学习过程，聚焦数学本质

教师应努力挖掘隐藏于生活中的学习素材，并引导学生通过现实生活素材理解数学，同时将所学的数学内容应用于现实生活。教师以学生真实的生活情境——测量黑板的长度引入，让学生在测量的过程中感受分数的必要。结合中国传统的市尺来理解 $\frac{1}{3}$ 米，理解市尺与米尺的关系可以用市尺是米尺的 $\frac{1}{3}$ 来表达。在用 $\frac{1}{3}$ 米测量窗户长的过程中感受分数单位的累加，感受生活中真实存在假分数，同时也将得到的分数理解为用 $\frac{1}{3}$ 这个计数单位测量几次后得到的结果。在课尾，也是创设了与学生生活实际有联系的人民币情境，让学生结合直观的人民币体会两个数量之间的关系也可以用分数来表达。

二、开发动静结合的学习材料，突破学习难点

"分数的意义"建构过程中重要的一点，是引导学生认识到分数作为一种"数"的实质。也就是说，它与其他数一样，都能在数轴上找到自己的位置。张奠宙先生曾多次强调在数轴上对分数作几何解释的重要性。然而，数轴的抽象程度较高，学生不易掌握，如何设计易于学生操作和理解的学材，帮助学生突破这一学习难点呢？不少研究都表明，从细长的条形块这一几何模型出发，逐渐抽象出数轴，更加符合学生的认知发展特点。

基于此，教师设计了一根一米长的软尺，利用这个学材，组织学生开展了一系列"做中学"的活动，如量一量、圈一圈、比一比等。首先，引导学生用软米尺测量黑板的长度，从中感悟到分数产生的必然性。然后，用软米尺圈出一个圆，动线成面，化直为曲，将面积均分与计量单位均分联系起来。无论是长条软米尺的均分还是圆的均分，都可以看成对现实存在的"物"的

均分，这是分数的重要意义之一。软米尺和圆中扇形的色块一一对应，可以让学生感受到分数的不同表征形式之间的转换和联系。最后，教师带领学生利用软米尺测量窗户的长度，化曲为直，让学生亲眼见证比1小的数和比1大的数都可以用分数表示，整数与分数可以进行转化。软米尺自然与数轴融通，变成了一个可以无限延展的数轴。在引导学生认识分数的多层含义的过程中，可静可动的学材发挥了巨大的作用。学生掌握分数的"度量"概念则较困难，这需要将分数看作数字线上一个确切的数，这与学生先前学习的整数概念系统有根本上的区别。所以这里需要结合数轴进行一个概念转变的过程，即从离散性的整数系统转变为连续性的有理数系统。

三、呈现元素联结的变式材料，开阔数学视野

数学概念的结构化教学主要通过元素的联结来实现。这就要求教师深刻把握概念的本质内涵和丰富外延，不断分解和重组学习材料，变化表征形式，让原本孤立无关的材料变成联系紧密的变式材料，达到"横看成岭侧成峰"的效果，最终促进学生自主建构概念。"分数的意义"之所以成为学生学习的一个难点，其中一个重要的原因，就是虽然分数问题通过分割操作可能转化为整数问题，但与整数不同，分数是一个表示两个量倍比关系的相对量，或者说是一个比例，这种认知冲突有时会对学生的学习产生负迁移。对学生来说，分割计数产生分数是易于理解的，分数表示两个量之间的倍比关系是较难理解的。在教学中，教师要注意从学生已有的利于他们理解的经验出发，灵活变换，螺旋上升，提高学生对概念的整体认知。教师可以将学生熟悉的正方形和人民币作为研究对象，不断变换表征形式，拓展学生的思维，激发其对于分数表示倍比关系的思考，深化其对概念的认识。

四、基于结构化学材的教学实施（二）

【教学片段1】

师：在三年级，我们曾经分两次认识过分数。你能通过具体的例子说说自己对分数的理解吗？

生：把一个蛋糕平均分给两个小朋友，每人分得这个蛋糕的 $\frac{1}{2}$。

师：这个蛋糕的 $\frac{1}{2}$ 究竟有多少呀？

生：就是 $\frac{1}{2}$ 个，也就是半个蛋糕。

师：理解得不错，继续举例。

生：把 6 个桃看作一个整体平均分给 3 只小猴，每只小猴分得这些桃的 $\frac{1}{3}$。

师：每只小猴究竟分得了几个桃？

生：每只小猴分得 2 个桃。

师：既然每只小猴分得了 2 个桃，为什么又要说每只小猴分得了这些桃的 $\frac{1}{3}$ 呢？

生：这里的 $\frac{1}{3}$ 表示把 6 个桃看作一个整体，平均分成 3 份，每只小猴分得其中的 1 份。

师：你的意思是这里的 $\frac{1}{3}$ 表示的是份数关系，而不是每只小猴分得的桃的个数，是不是？

生：是的。

师：还有一个问题，1 只小猴分得这些桃的 $\frac{1}{3}$，2 只小猴分得这些桃的几分之几？3 只小猴呢？

生：2 只小猴分得 2 个 $\frac{1}{3}$，也就是分得这些桃的 $\frac{2}{3}$；3 只小猴分得 3 个 $\frac{1}{3}$，也就是这些桃的 $\frac{3}{3}$。

师：想一想，$\frac{3}{3}$ 这个分数有什么特别的含义吗？

生：$\frac{3}{3}$ 表示这些桃全部被分完了。

师：看来同学们对分数的理解还是很不错。接下来，请大家小组合作，利用下面两个图形分别表示出 $\frac{1}{4}$、$\frac{2}{4}$、$\frac{3}{4}$、$\frac{4}{4}$，有信心吗？

生：（齐）有！

出示为每个小组准备的两个图形（图 6-23）：

图 6-23

学生分组操作后，组织展示和交流。

生：我们把一个长方形平均分成 4 份。其中的 1 份是它的 $\frac{1}{4}$，2 份是它的 $\frac{2}{4}$；3 份是它的 $\frac{3}{4}$，4 份是它的 $\frac{4}{4}$。（图 6-24）

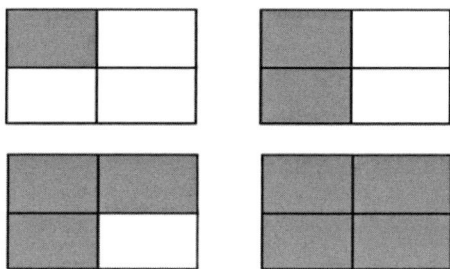

图 6-24

师：这里的 1 份究竟是几个长方形？这里的 4 份呢？

生：这里的 1 份就是 $\frac{1}{4}$ 个长方形，这里的 4 份就是 1 个长方形。

师：利用五角星图又是怎样表示这些分母是 4 的分数的？

生：把 12 个五角星看作一个整体，平均分成 4 份，其中的 1 份是这些五角星的 $\frac{1}{4}$，2 份是这些五角星的 $\frac{2}{4}$，3 份是这些五角星的 $\frac{3}{4}$，4 份是这些五角星的 $\frac{4}{4}$。（图 6-25）

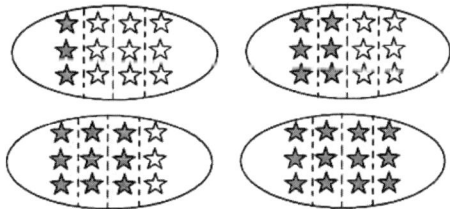

图 6-25

159

师：这里的 1 份表示的是几颗五角星？这里的 4 份呢？

生：这里的 1 份表示的是 3 颗五角星，这里的 4 份表示的是 12 颗五角星。

师：如果把 20 颗五角星看作一个整体，平均分成 4 份，那么这样的 1 份表示多少颗五角星？这样的 4 份呢？

生：如果把 20 颗五角星看作一个整体，平均分成 4 份，那么这样的 1 份表示 5 颗五角星，这样的 4 份就表示 20 颗五角星。

师：接下来提高难度，如果要求把刚刚得到的 $\frac{1}{4}$、$\frac{2}{4}$、$\frac{3}{4}$、$\frac{4}{4}$ 表示在下面这条直线上（图 6-26），你知道该怎样做吗？

图 6-26

生：（齐）知道！

学生各自在直线上标注后，继续组织讨论。

生：把 0~1 这一段平均分成 4 份，从 0 开始往右数这样的 1 份就是 $\frac{1}{4}$，数这样的 2 份就是 $\frac{2}{4}$，数这样的 3 份就是 $\frac{3}{4}$，数这样的 4 份就是 $\frac{4}{4}$。

师：不管平均分的对象是一个长方形还是由若干个五角星组成的整体，我们得到的分母是 4 的几个分数都可以用上面直线上相应的点来表示，这说明一个物体、一个图形或一个整体都可以用哪个自然数来表示？

生：我觉得不管平均分的对象是一个物体、一个图形，还是由许多物体组成的一个整体，都可以用自然数 1 来表示。

师：确实如此，一个物体、一个图形或是由许多物体所组成的整体，都可以用自然数 1 来表示。分数其实就是自然数 1 平均分的结果。通常，我们把这里提到的自然数 1 叫作单位"1"。

师：还有一个问题，如果把直线上 1~2 之间的部分平均分成 4 份，得到的等分点表示的还是刚才这几个分数吗？

生：不是。如果用 1~2 之间的点表示分数，这些分数应该比 1 大同时又比 2 小。

师：是的，直线上表示分数的点的位置同样能够反映分数的大小，所以我们得到的这几个分数，只能用 0~1 之间的点来表示。

【设计说明】上面的教学从学生已有的知识经验出发，首先引导他们结合具体的例子说说自己对分数的理解，帮助他们激活对分数已有的认识。接着，鼓励学生利用教师提供的图形分别表示出分母是 4 的分数，学生进一步体会分数与平均分的份数以及所要表示的份数密切相关。同时，通过必要的追问，使学生能够更加清楚地区分具体数量和份数关系的不同含义。在此基础上，引导学生用直线上的点表示得到的几个分数，初步实现平均分的对象由具体事物向自然数 1 的抽象，帮助他们初步感悟分数本质上就是自然数的基本单位，也就是 1 平均分的结果。

【教学片段2】

师：通过刚才的学习，我们知道一个物体、一个图形，或是由许多物体所组成的整体，都可以用单位"1"来表示。其实，单位"1"还可以用来表示各种各样的计量单位。

师：这根纸条表示 1 米，你能用它作标准测量下面这根纸条的长度吗？（图 6-27）老师为每个小组都准备了这样的两根纸条，请大家小组合作试一试。

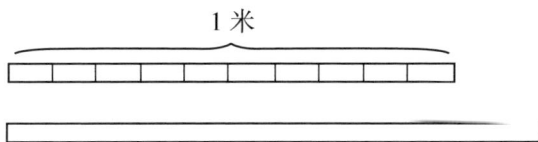

图 6-27

学生分组操作后，组织交流。

生 1：我们利用已经平均分成 10 份的 1 米长的纸条，拿它和第二根纸条进行比较，发现第二根纸条的长度比 1 米多 $\frac{2}{10}$ 米。

生 2：$\frac{2}{10}$ 米就是 2 分米，所以第二根纸条的长表示的是 12 分米，或

161

者说成是 1.2 米。

师：你们的意思是，第二根纸条的长度既可以用整数表示，也可以用分数表示，还可以用小数表示，是不是？

生：（齐）是的！

师：用整数表示的时候，用的还是原来的单位"米"吗？

生：不是，用的是比米还要小的单位，也就是"分米"。

师：分米和米是什么关系？

生：1 米 =10 分米，1 分米 = $\frac{1}{10}$ 米。

师：我明白了，用"米"作单位得不到整数结果时，就要把原来的单位继续平均分，而且还是平均分成 10 份。这样一来，测量的结果不仅可以用"分米"作单位的整数来表示，还能用"米"作单位的小数来表示。不过，继续想一想，一定要把 1 米平均分成 10 份才能量出第二根的长度吗？

生：（犹豫地）好像不一定，从图上看，如果把 1 米平均分成 5 份，也是可以量出第二根纸条的长度的。

师：是吗？那大家再试一试！

学生再次操作后，继续组织讨论。

生：把 1 米平均分成 5 份，第二根纸条比 1 米还多出 $\frac{1}{5}$ 米，也可以说第二根纸条的长度是 $\frac{6}{5}$ 米。（图 6-28）

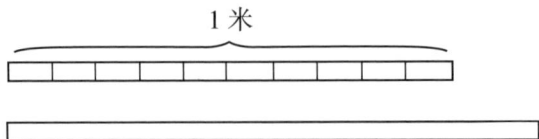

图 6-28

师：知道 $\frac{6}{5}$ 这个分数是什么意思吗？

生：5 个 $\frac{1}{5}$ 是 $\frac{5}{5}$，6 个 $\frac{1}{5}$ 就是 $\frac{6}{5}$，$\frac{6}{5}$ 表示 6 个 $\frac{1}{5}$。

师：你的理解完全正确！由此可见，分数就是把单位"1"平均分成若干份，表示?

生 1：表示其中的 1 份或几份。

生 2：不一定是"其中的"，因为有时候还会超过原来的单位"1"，就像刚刚的 $\frac{6}{5}$ 一样。所以应该说成表示"这样的" 1 份或几份。

师：解释得不错。我们把单位"1"平均分成若干份，表示这样的一份或几份的数，叫作分数。表示其中一份的数，叫作分数单位。

【设计说明】分数与整数、小数都有着十分密切的关系。让学生在认识分数的过程中进一步感受分数与整数、小数的关系，有助于他们对数建立起更为整体的认知，进而提升思维的结构化水平。上面的教学以简单测量活动为背景，着力引导学生用不同的数表示不是整米数的纸条长度，帮助他们在操作和交流的过程中逐步认识到：当用米作单位进行测量得不到整数结果时，需要把"米"这个单位继续进行平均分——如果平均分的份数是 10 份，这样的 1 份可以用分数或小数表示；如果平均分的份数不是 10 份，这样的结果用分数表示更方便。由此，不仅使单位"1"的含义更加充实，而且也使分数和小数的意义得以关联，有助于学生把握数学知识的整体性。此外，对 $\frac{6}{5}$ 含义的讨论，突出了分数单位的意义和价值，有助于学生进一步体会分数也是相同计数单位累加的结果，也体会到现实生活中真实存在着假分数。

【教学片段 3】

师：通过刚才的学习，我们对什么是分数这个问题有了更加深入的理解。现在我们再次回到现实生活之中，看看能不能用刚刚建立起来的理解更加清楚地解释相应的数量或数量关系。你能说出下面不同情境中分数表示的含义吗?

出示课件：

说出分数所表示的含义。

（1）五年级一班学生中，会打乒乓球的学生占 $\frac{5}{9}$。

（2）地球表面有 $\frac{71}{100}$ 被海洋覆盖。

163

（3）一节课的时间是 $\frac{2}{3}$ 小时。

师：先和小组内的同学交流，再把你们的理解说给全班同学听听。

学生分组交流后，组织全班交流。

生：第（1）题中，"会打乒乓球的学生占 $\frac{5}{9}$"，意思就是，把全班同学的总人数看作单位"1"，平均分成 9 份，会打乒乓球的人数是这样的 5 份。

师：那不会打乒乓球的人数是这样的几份呢？

生：不会打乒乓球的人数就是这样的 4 份，比会打乒乓球的人数要少一些。

师：理解得不错。剩下的两个分数的含义又可以怎样理解呢？

生 1："地球表面有 $\frac{71}{100}$ 被海洋覆盖"，意思就是，把地球的表面积看作单位"1"，平均分成 100 份，其中的 71 份被海洋覆盖。

生 2：一节课的时间是 $\frac{2}{3}$ 小时，意思就是，把一节课的时间看作单位"1"，平均分成 3 份，其中的 2 份是……

师：怎么啦？为什么不说下去了？

生：他感觉到自己的话矛盾了。如果把一节课的时间看作单位"1"，平均分成 3 份，除了其中的 2 份是这节课的时间以外，剩下的 1 份也是这节课的时间。

师：有道理！也就是说把一节课的时间平均分成 3 份后，其中的 3 份才是这节课的时间。

生：我觉得这里的 $\frac{2}{3}$ 不能理解为一节课时间的 $\frac{2}{3}$，而应该理解为 1 小时的 $\frac{2}{3}$。

师：你的意思是这里的 $\frac{2}{3}$ 是把什么看作单位"1"平均分后得到的？

生：这里的 $\frac{2}{3}$ 是把 1 小时看作单位"1"平均分后得到的，是 1 小时的 $\frac{2}{3}$。

师：是的，理解现实情境中分数的含义时，一定要弄清楚是把什么数量看作单位"1"，只有弄清了单位"1"的量，才能真正理解相关分数的实际意义。

师：我们已经知道，把单位"1"平均分成若干份，表示这样1份或几份的数，叫作分数。事实上，分数的内涵非常丰富！除了从份数关系去理解，还可以有各种不同的角度。请看下面的例子。

出示课件：

（1）把1块饼平均分给4个小朋友，每人分得这块饼的几分之几？每人分得多少块？

（2）把3块饼平均分给4个小朋友，每人分得这些饼的几分之几？每人分得多少块？

（3）把5块饼平均分给4个小朋友，每人分得这些饼的几分之几？每人分得多少块？

学生稍作思考之后，教师提议有兴趣的同学课后继续探究。

……

【设计说明】单位"1"、平均分、这样的一份或几份，是构成分数基本含义的三个关键要素。相对于后两个，单位"1"是学生最难理解的概念。为此，上面的教学充分利用教材提供的学习素材，着力引导学生用刚刚建立的对分数概念的理解来解释不同情境中分数的具体含义，帮助他们在思考、辨析的过程中进一步丰富和加深已有的认识。分数不仅可以表示基于平均分得到的份数关系，也可以表示两个整数相除的商，还可以表示两个整数倍比的结果。为了引发学生更多、更有价值的思考，让他们真正带着问题离开课堂，上面的教学通过一个题组着力启发他们产生新的认知冲突，激发进一步探究的好奇心和内驱力，从而为后续教学埋下富有生命力的种子。

【总评】

"分数的意义"是数与代数领域的重要内容之一。从整数到分数，也是数概念扩展过程中非常关键的环节。建立分数概念，标志着人们对事物的认识更加全面——"从事物的数目转到了事物的量度，从可数事物的讨论转到了可量度事物"。随着数学的发展，人们对分数的使用越来越广泛，对分数本质的认识也越来越深刻。本课从解释分数和平均分入手，让学生充分经历用分数表示把不同对象平均分、表示其中一份或几份的活动过程，并逐步完成将平均分的对象由具体事物抽象为自然数基本单位的过程，有效达成教学目标，在充分理解的基础上帮助学生从数学角度表达生活中分数所表示的意义。

一、从一个物体到一个整体，体会平均分的本质

在理解分数的意义中，最为基础也是最为重要的部分就是与"平均分物"密切相关的份数定义。学生通过三年级的两次认识分数，已经初步理解分数的含义，知道把一个物体或者一些物体组成的整体平均分成几份，其中的一份或者几份都可以用分数表示。通过对以往旧知识的回忆，让学生逐步体会到一个物体、一个整体与自然数1的共性与区别，认识到单位"1"的丰富内涵。再接着引出数轴上0~1的这一段，将单位"1"与自然数1之间建立联系，从具体走向抽象，完成了这一核心概念的建构。整个过程中，通过动态生成的学习过程，帮助学生感悟分数其实就是把单位"1"平均分的结果。

二、从平均分成10份到平均分成5份，体会分数单位的累加

学习要在原来的知识结构中找到生长的附着点，在互动情境与互动交流中不断生长新结构。分数单位的不断累加能产生很多新的分数，其中包括产生假分数，学生对于假分数的意义理解是有难度的。通过简单的测量情境，从把1米平均分成10份，得出的结果可以是整数、小数、分数，还可以平均分成5份，发现有比"1"大的分数的数学事实，在解释分数含义的过程中体会分数单位的累加，同时感受整数、小数、分数都是可以相互转化的，无论哪种数都是与其他数密切联系的。

三、从基本含义回到现实背景，体会分数表达的意义

将抽象的分数意义回到具体情境中进行解释，是结构化理解分数意义的重要一环。学生在解释分数意义的过程中，发现对应具体量不相同，但是能表达相同的关系。这样的学习帮助学生把分数意义的相关核心概念学得更清

晰、更深刻、更全面和更合理。有助于学生从不同角度丰富对单位"1"和分数单位等重要概念的理解，也有助于他们逐步提升对分数意义的认识水平，深度建构分数的模型，促进认知结构的建立和完善。

五、基于结构化学材的教学实施（三）

【教学片段一】

师：我在黑板上写了两个字，知道是什么字吗？（板书）

生（齐）：测量。

师：同学们都会测量吗？现在老师想量这个黑板的长度，可以用什么工具？

生：可以用尺子测量。

师：这是一个一米长的尺，我现在开始测量，请所有的同学眼睛看清楚。（演示）从这开始，我还没有量完，你能猜出这个黑板有多长吗？

生1：我觉得有3米。

师：我把你的猜想记录下来。有不同意见吗？

生2：我觉得有2.7米长。

生3：我觉得它有3.5米长。

师：同学们，测量的结果什么时候是整数？什么时候是小数呢？思考一下。

生：我认为整数是由小数组成的，如果测量的结果无法用整数，就可以说剩下的是由几个小数组成的。

师：所谓的剩下用一个简单词就是有零头。有零头怎么办？刚才这个同学说的点七是怎么来的？

生1：接近3米又没有3米，离三米又差零点三，就可以用2.7米。

生2：2米到3米之间有1米，把1米分成10份，2.7就是7份，还有3份是不到的。所以就是2.7米。

师：解释得清楚吗？但是他少了两个字，是什么？

生（齐）：平均。

师：把 1 米平均分成 10 份，所以这个点七就是咱们平均分成 10 份之后的 7 份。那其中一份是多少？

生：0.1。

师：或者还可以换一个什么数？

生：十分之一。

师：现在用这个尺子去量的话有没有可能量出准确的结果？

生：还有偏差。

师：那怎么办？到现在为止，还要把它平均分成多少份？

生：再把 1 分米平均分成 10 份。

师：也就是这把米尺被平均分成了？

生：100 份。

师：这就变成了厘米尺。那这个厘米尺是不是就能量出准确的了？

生：还是不能。

师：还是不能那怎么办？只有你不停地分下去，然后一定可以量出你想要的较为准确的结果。刚才我们经历的这个测量的过程，大家都感觉到测量的结果有多种。测量的结果有可能是刚刚好，叫作无余。这时要表示测量的结果用什么数量？

生：整数。

师：但是也有可能说的是 2 米多一点，如果用数表示他测量的结果，有可能是什么数？

生：小数。

师：还有可能是什么数？

生：分数。

师：那就是说量来量去，还有多余，咱们就会用小数去表示他的结果，也可能是你们说的分数，这个米尺得到的分米尺、厘米尺、毫米尺，就藏着小数和分数。我把现在的米尺翻过来的是什么？有没有小朋友知道这一段表示多长？我听到了两种答案，一个说的是小数，一个说的是分数。小数是多少？

生：33.33333……

师：单位名称是什么？

生：单位是厘米。

师：如果用米作单位呢？

生：$\frac{1}{3}$ 米。

师：用米作单位之后出现了 $\frac{1}{3}$，用小数表示是多少？

生：0.333333……

师：有的小朋友还不是很清楚是不是就是这个数，看来这两者之间也是有联系的。这一个是我们中国常用的一个单位，叫作 1 尺，意思就是 $\frac{1}{3}$ 米。那这个尺子能量东西吗？它不仅能量东西，还能干什么呢？

生：画长方形。

师：除了画，我们还可以用它来围成其他图形。请你来用它弄出其他图形。

学生操作、展示围成的三角形、长方形、近似圆形……

师：只要你愿意，你可以把它改造成各种各样的图形，它和分数有关系吗？

生：有关。

师：在这里面你还能看到分数吗？我俩合作把这个三角形支起来，这个是三角形，对，这里面还能找到 $\frac{1}{3}$ 吗？

生：它的一条边是 $\frac{1}{3}$。

师：他认为所有的边都是，这个三角形里面还有没有 $\frac{1}{3}$？

生：我觉得空洞那里也可以把它分出来。

师：所谓的空洞是这个等边三角形的面积，可以找到它的 $\frac{1}{3}$ 吗？那你们说的长方形可以找到 $\frac{1}{3}$ 吗？

生：可以。

师：其他图形可以吗？

生：可以。

师：告诉你们，其实都可以，但是有些容易操作，有些不容易操作。既然不容易操作，我们就在课件上给大家看看（图 6-29），大家边看边想好不好。你看这个空洞里面有 $\frac{1}{3}$ 吗？

图 6-29

师：谁来用语言描述一下，咱们让它呈现出来，

生：这个圆形的空洞，可以被平均分成 3 份，一份就是 $\frac{1}{3}$。

师：是这个吗？这个里面是 $\frac{1}{3}$ 吗（图 6-30）？

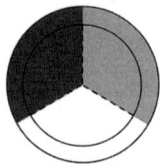

图 6-30

生：是。

师：六边形好操作（图 6-31），如果是四边形，可能是有点压力，九边形也可以……

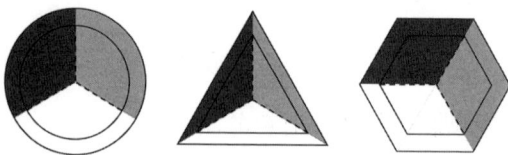

图 6-31

【设计说明】让学生体会用分数表示数的必要性，借助测量的情境让学生感受量而有余时，结果可以用小数、分数来表达。结合 1 米 =3 尺，让学生自然想到把米尺围成一个等边三角形，由每条边是整个周长的 $\frac{1}{3}$，想到如果把面积平均分成 3 份，每份面积对应的也是整个三角形面积的 $\frac{1}{3}$。接着让学生尝试把它围成其他图形，通过操作积累经验，用不同的颜色分别表示 3 尺，有利于让学生在脑海里初步建立 $\frac{1}{3}$ 的模型，教师借助课件让学生心中想的模型可视化。设计的无刻度米尺不仅起到测量的作用，还用来制作各种图形给学生提供丰富的实物。对比不同图形，让学生体会不论是什么形状，只要平均分成 3 份，那么一份对应的就是这个整体的 $\frac{1}{3}$。

【教学片段二】

师：已经有这么多 $\frac{1}{3}$，还有其他的 $\frac{1}{3}$ 吗？你们课前都已经写过，想看看其他小朋友的作品吗？看的时候还要想想他的作品跟我自己的作品有什么不一样（图 6-32）。

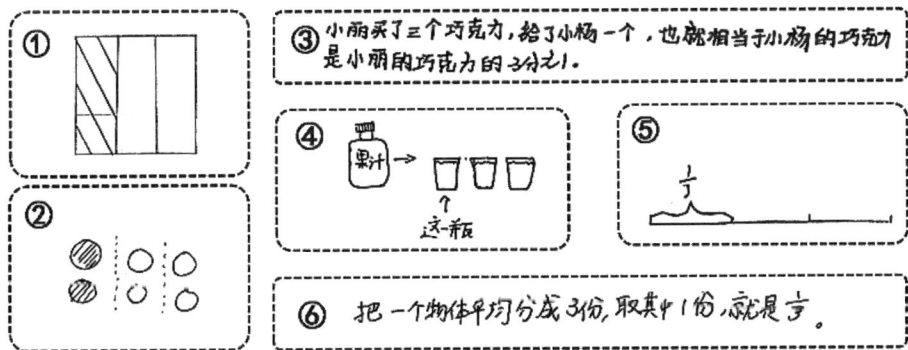

图 6-32

师：能看懂这些作品吗？有学生对作品①有疑惑，请作者来说说自己的想法。

生 1：这是一瓶果汁（图 6-33），然后把果汁倒了三杯，其中一杯就是它的 $\frac{1}{3}$。

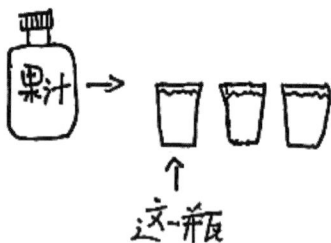

图 6-33

师：有同学想跟你对话，你去那边找你的小伙伴交流。

生 2：你怎么知道这三瓶杯子里的果汁毫升数是相等的？

生 1：我是把一瓶果汁平均分成了 3 份。

生 2：现在从图上看不出来，你得标一个 "$\frac{1}{3}$"。

师：他这个建议怎么样？你看一个小朋友的意思可能我自己看得懂，但是你想让别人看懂的时候，还要多一些小细节。还有什么想法？

生 3：就是我发现他画的这个杯子好像都是不一样大的。

师：这样就是和咱们第一位同学的话是一样的。当然，这个孩子提议的平均分会更好。

生 4：我觉得应该说每一瓶都是这大瓶果汁的 $\frac{1}{3}$。

师：你真是太注重细节了，你同意吧？来，和他握个手，谢谢小朋友们。

师：刚才我们在图形当中就用这个彩带去围一围，围成了好多 $\frac{1}{3}$，小朋友又写了那么多 $\frac{1}{3}$，能不能给它们分个类呢？

学生思考。

师：有很多同学已经举手、有想法了，但每个小组当中都有几个小朋友没举手，你们能不能先把他们教会，在小组当中交流一下。

学生交流。

师：我看到每个小组基本上达成了共识，请几个小组来汇报一下他们的想法。

生：我把①②④⑤分成了一类，因为它们都是用图形来表示的。我把③和⑥也分在了一类，因为它们是用文字来表示的。

师：其他小组同意他的想法的请举手。你们组和他们一样吗？

生：不一样。我觉得①②⑤是一类的，③和④是一样的，因为它是用情境来说 $\frac{1}{3}$ 的，而⑥是用文字说的。

师：你们对哪一个词语有想法？（情境）你这个情境是什么意思？

生：情境就是这个是分一瓶果汁，而不是像这些直接画图表示，就是举了个例子。

生：就是它是有一个情境，把什么东西分了以后，这样一个事情。

师：你们有没有听到他说，事情，而且是生活中的事情，那就告诉我们这个 $\frac{1}{3}$ 在生活当中是有的，对不对？那你最后把⑥单独分是什么意思？

生：因为那个也没有生活中的事情，也没有画图，所以分为第三类。

生：我也分成三类，但是我把线段图这一个单独拎出来。

师：为什么呢？

生：因为线段图在这边直接简化了。

师：你们自己这样丰富的想法，对以后的学习很重要。那 $\frac{1}{3}$ 的意思到底是什么呢？如果让你选择，你选择用他们说的画图还是文字来概括 $\frac{1}{3}$ 的含义呢？

生：我选文字，因为文字表达稍微更清楚一点。

师：哪里清楚？

生：如果图上没有说平均分，文字可以直接说是平均分。

师：有道理吗？从图上就看不出平均分来了？

生：图如果画得不准确的话，就可能不是平均分。文字的话就不用那么准确，直接写"平均分"就行了。

师：这个有没有道理？更有道理，掌声送给他。还有没有不同的想法？

生：我觉得图形好一点。

师：这么多图形，你选一个。

生：我觉得⑤好一点。因为图形能更直观地表示 $\frac{1}{3}$。

师："直观"这个词用得好，你再讲一讲。

生：因为图中的线段已被平均分成了 3 份，然后标出来其中的 1 份，写了 $\frac{1}{3}$。

师：那就是人家写了一个数字，让你觉得更好一点，是这意思吗？有没有同学也选这幅图的，认为比其他几幅图都要好？看来你的想法得到了很多同学的呼应，你也找一个小伙伴上来。

生 2：这是平均分成 3 份的。

师：其他也都是平均分的呀！

生 2：因为这个看得更清楚一点，它上面写了 $\frac{1}{3}$。

师：那你们还是看人家写的数字的，人家没写出来的，看得就不清楚了，是吧？

生 3：我觉得这个图更为简洁，表现的意思非常清楚。

师：你们听到了什么词？（简洁）如果只是简洁没用啊，不仅要简洁，还要准确，是不是？我想问这个能够把其他的图都覆盖掉吗？（能）你还能把一条线段想成什么？

生：比如说第四个，把这条线段想成果汁，每一段是一杯果汁。

师：想到了吗？真想到了吗？敬佩你们的想象力，这一段还能想成什么？

生：这条线段还能想成袋子里的 3 块巧克力，1 份就是 1 块巧克力。

师：那 1 份在哪？用手指一指。

师：还能想成什么？

生：还能想成②号中的两个圆形。

师：选文字的同学认为它有平均分，就能把表达不准确的变得准确。选线段图的同学认为它很简洁，不但简洁而且概括。我们不仅仅深入地

研究了 $\frac{1}{3}$ 的含义，知道从测量的角度会得到它，还知道了用图和文字都可以表达一个数学概念，每个人有自己不同的想法。

【设计说明】出示学生课前对分数 $\frac{1}{3}$ 的理解，选择一些有代表性的作品，让学生看懂同学作品后分类，小组交流分类的依据，然后全班交流。$\frac{1}{3}$ 的含义是什么呢？学生看到了这么多不同的表征形式，思考是用图还是用文字表征更加合适。有学生选择文字，觉得简洁，特别是用"平均分"三个字就避免了画图时可能出现的不好平均分的现象。有学生选择画图，觉得更加"直观"，特别是画线段图，线段图可以表示"果汁""巧克力""长方形"……这样的表达方式具有一般性。学生经过这样的讨论与交流，初步建立自己的分数模型。

【教学片段三】

师：但是我们今天学的不是 $\frac{1}{3}$，我们学的是"分数的意义"，还有很多分数。我们根据刚才的学习能不能研究其他的分数？

出示研究与交流要求：

1.你还想研究哪个分数，写下来，并用自己认为最合适的方式表示它的意义，在小组内交流。

2.尝试概括什么是分数的意义？与组内成员讨论。

师：看清要求了吗？需要把这个分数写下来，然后用你认为最合适的方式表示交流，还要尝试着概括什么是分数的意义？不是某一个分数的意义，而是所有分数的意义。感觉这个挑战怎么样？试试看，开始吧。

学生独立表示一个分数的意义。

师：第一个分数一点都不难，很多小朋友很快就解决了这个问题。第二个分数呢？你们要不然把每个小组里的作品都汇总起来看看。

……

师：你们在交流的时候，有没有帮你的小伙伴检查他们表达的分数准不准确？他们都用什么方式来表达的呢？选择一个分数。（生：线段图）

来，你说一个。

生：我画的是 $\frac{1}{8}$。

师：他讲的时候，你们头脑当中就要想他的线段图是什么样子。

生：把一条线段平均分成 8 份，其中的 1 份就是 $\frac{1}{8}$。

师：谁来指导我画一下。

生：首先，画一条线段，再将其平均分成 8 份。

师：哪个是 $\frac{1}{8}$？（生指一指）除了 $\frac{1}{8}$，其他同学研究的分数呢？都是通过画线段图来表示的吗？有没有不是的？

生：我选择的分数是 $\frac{2}{7}$，就是把一个物体平均分成 7 份，取其中的 2 份。

师：在图上能不能画出来？很多小朋友选一个分数的时候都喜欢画图，那让你去概括分数的意义，你画图了吗？（没有）你们干啥了？（写文字）读一读！

生：把一个物体平均分成 n 份，取其中的 n 个，这就是分数。

师：看来有同学对你的这个有不同意见？平均分成 n 份，还是取 n 个？（换个字母）换一个字母，换啥都行，但是不能是 n（生换成 a）。而且不应该是 a 个，应该是 a 份吧。你看写文字，还要精益求精。你们认可他对分数的意义的概括吗？还有什么你觉得不行？

生：将一些物品或量而有余的物品按要求平均分成几份，取其中的……

师：如果我们忽略掉字母的成分，他俩最大的不同是什么？（一个说的是一个东西，一个说的是一些东西）你们同意哪一种说法？（一些）一个就不行吗？（都可以）那怎么办？

生：一个物体或一些物体。

师：可以吗？（可以）我有一个更可以的。（大屏幕）在数学上，单位"1"就是你们说的一个物体或者一些物体组成的一个整体，所以你们的水平很高，我只是把它变成了数学的语言。好，还有什么其他的地方是文字跟他们不一样的？（学生表示没有）我就奇怪了，为什么说到具体的几分之几，你们都用图，当你们概括他的意义时都用文字呢？

生：一个分数用线段图来表示是可以的，而所有的分数，概括分数的意义时，它就是一个单位"1"要概括所有的，不方便用一条线段图。

师：线段图有局限性。

生：我觉得最主要的原因是如果用图去概括意义的话，不知道是平均分成多少份，没办法画。

师：其实你们想的真的是和很多的数学家想的是一样的。你看教材是怎么编写的，上面是什么？（出示书上文字）我们一起把它读一遍。

生：把单位"1"平均分成若干份，表示这样的1份或几份的数，叫作分数。

师：能体会到什么是分数的意义吗？如果咱们非要在这个图上来表示，这个图肯定有问题，我要怎么修改，我还能不能画8份，（不能）我还能不能画7份？但我不知道我可以用什么符号（省略号），当然了，在图里面表现出几份的时候也有点压力。看来，图确实没有文字在这个题目当中有概括性，但是后面还有一句话，同学们读读看。

生：表示其中1份的数，叫作分数单位。

师：为什么要特别提出这句话？1份的数很重要吗？它比其他的非1份的数更重要吗？重要在哪里呢？

生：我觉得所有的非1份的数都可以被许多个1份的数加在一起。

师：那就是说1份的数叫作什么？（分数单位）我用"这个"可以吗？那其他的分数呢？都可以用它来做什么？

生：合在一起，就是把许多个分数单位相加在一起。

师：相加在一起。有一个词我们把它叫作累加，那看来分数的意义确实可以用文字去表达。在一个分数当中，这是一条分数线，它的分母就是单位"1"平均分的份数。那分子是什么呢？是这样的1份或几份，那其中的一份特别突出，几份都是由一份来累加的。同学们一开始对分数单位与其他分数的关系是有感觉的，看到了吗？（图6-34是学生的作品）这里有累加吗？他写的 $\frac{3}{3}$，有同学课前说要研究分数和"1"的关系，你看他写的 $\frac{3}{3}$ 是不是"1"，能看出关系吗？

生：这个"1"就是 3 个 $\frac{1}{3}$。

$$\frac{3}{3} = \frac{1}{3} + \frac{2}{3}$$

图 6-34

【设计说明】学生理解了 $\frac{1}{3}$ 的含义，应用已有的经验自主表征其他的分数，并尝试概括什么是分数。这样从对具体的某个分数的理解回到对整个分数意义本身的理解，结合学生的作品分析用画图和文字的方式来概括分数的意义。学生想到表征具体某个分数的含义时用画图更加直观，想到可以用省略号来表示平均分成的份数，但如果表示不是具体的某个分数时表示的份数不方便表征。文字更具有概括性，学生经历"把一个物体平均分成 n 份，取其中的 n 个"调整为"取其中的 a 份"，接着通过讨论又把"一个物体"调整为"一个物体或一些物体"，最后回到书上的表达"单位'1'"，逐步把所有情况都囊括在里面，自己概括出分数的意义。同时突出分数单位的重要性，感受分数单位累加能得到新的分数。

【教学片段四】

师：现在你们看到生活中的这些实物（图 6-35），你还只是能想到一些整数吗？你能想到哪些数呢？

生 1：1、3、4。

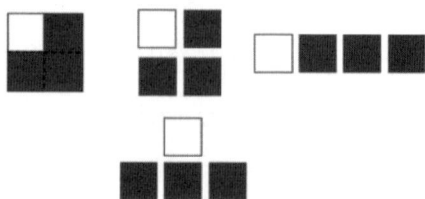

图 6-35

178

生2：$\dfrac{1}{4}$。

生3：$\dfrac{1}{3}$。

师：看这些人民币（图6-36），你又想到了哪些数？

图 6-36

生：$\dfrac{1}{2}$、$\dfrac{1}{5}$。

师：如果再把这些人民币合并（图6-37），你还能看到分数吗？

图 6-37

生：能看到 $\dfrac{1}{2}$、$\dfrac{1}{5}$、$\dfrac{1}{10}$。

……

【设计说明】抽象出分数的意义后，让学生回归实际情境去找数，先出示正方形图，用分数表示部分与整体的关系。接着从完整的一个正方形变化到离散的四个小正方形，再分别从不同的角度摆放图形，让学生从新的角度观察到不仅能用整数表示两个量之间的关系，还能用分数表示两个量之间的关系。最后结合人民币的情境，让学生结合相同人民币所表示的长方形的形状和面积大小一样来找到之间的关系，再通过面值的不同，用分数表示同类量之间的关系。

【总评】

开展数学结构化教学，教师应致力于寻找知识之间的连接点，将碎片化的知识连成线、织成网、筑成块、构成体，让学生整体感悟学习内容、学习进程，建构自己整体的思维体系和认知结构。这种动态建构的过程，是教师基于对课标的理解以及对学理的分析和学情的调研，着力将教材改编为学材，即教师根据自己对知识结构与学生认知结构的专业化理解，设计连接学生认知经验的"真实"情境，引导学生发现数学问题，找到相关联的数学元素，从而建构起自己的认知结构。学生课前已经会用图、文字来表征 $\frac{1}{3}$ 的含义，在这次的设计中重点让学生建立表征分数的模型，不论平均分一个物体还是一个整体等，只要平均分成 3 份，这样的 1 份就可以用 $\frac{1}{3}$ 来表示。学生概括出具体的一个分数的含义后，尝试研究其他的分数，在交流中不断概括出分数的意义。

一、基于"量而有余"，体会用分数表达的必要性

教师从真实的生活情境——测量黑板的长度引入，用没有均分的米尺制造认知冲突，将生活与数学有机联系起来，延展开去，聚焦测量的本质——数与量的产生，开启了学生对数的发展过程的整体认识。学生在亲历测量的过程中自己体会创造分数的过程，同时自然地与已经学过的小数相联系，为进一步学习分数、小数和整数之间的转化打好了坚实的基础，既扩充了学生认知中的数系，又起到了串联结构的整体性功能。转向生活中常见的分数形态——面积的均分，从显而易见的可视化表征中抽象出用分数表达平均分的实质；引导学生经历测量的过程，感受分数作为一种"数"，与学过的整数、小数一样，不仅可以表示量的多少、数的大小，还可以表示一些计数单位不断累加的结果。从另一种角度看待面积均分产生的分数，深入挖掘分数表示"率"的又一深刻内涵。整个过程前后呼应，于"变"中求"不变"，转换连续而自然，抓住分数不同方面的意义，既有联系又有区别，让学生真实而深刻地感受到分数产生的必要性和必然性。

二、基于真实学情，体会具体分数的实际意义

分数概念的建立基于学生原有的学习经验基础，也和课堂上动态生成的新学情密切相关，让学生经历多元表征同一个分数的过程，在学习同学的不同表征方式的过程中找到不同表达方式的共同特征，抽象出单位"1"，建立自己的分数模型。学生在对比中感受画图和文字都能概括分数的意义，画图更加直观，文字简洁且能避免画图不好平均分这一不足，通过简洁的文字"若干份"想到的分数有很多，平均分成的份数就是分数的分母，分数的分母确定了，分数单位就是几分之一，而其他分数都可以由分数单位累加得到。在感悟数的概念的一致性的过程中，培养学生的数感和符号意识，这两者均直接指向学生抽象素养的培养。学生自己经历这样的由具体到概括的过程，在原先三年级的认知基础上不断加深对分数的理解。

三、重视情境实践，体会分数的多重含义

学生初步理解了分数的意义，让学生回归情境实践，结合生活中的图形、人民币来感受分数表示"率"的本质，也就是相同类量之间的关系可以用分数表示。呈现一个正方形的均分，再到 4 个小正方形的均分，接着呈现不同的摆放方式，"4 个排一行""上面 1 个下面 3 个"，表征发生了变化，这时还可以用 $\frac{1}{4}$ 表示吗？引发了学生对分数不仅可以表示部分和整体的关系，还可以表示两个不同部分量之间关系的思考。同时单位"1"的不同，让学生看到不同的分数，如果把图中空白小正方形看作整体的一部分，那么空白正方形是单位"1"的 $\frac{1}{4}$。如果把图中空白小正方形看作一个单独的小正方形，那么空白小正方形是涂色正方形的 $\frac{1}{3}$。两次都是在表示空白小正方形是单位"1"的几分之几，但由于单位"1"发生改变，表示部分与整体的分数和两个同类量关系的分数也随之发生改变。

参考文献

一、著作类

[1] 中华人民共和国教育部 . 义务教育数学课程标准（2022 年版）[S]. 北京：北京师范大学出版社，2022.

[2] 张奠宙，巩子坤，任敏龙，等 . 小学数学教材中的大道理：核心概念的理解与呈现 [M]. 上海教育出版社，2018.

[3] 吴玉国 . 小学数学结构化学习的实践研究 [M]. 南京：江苏凤凰教育出版社，2021.

[4] 孙谦，杨梅芳 . 小数的意义 [M]. 南京出版社，2023.

[5] 中国数学会上海分会中学数学研究委员会 . 分数 [M]. 上海：新知识出版社，1956.

[6] 邱学华 . 分数 [M]. 上海教育出版社，1979.

[7] 周华辅，李光荣 . 分数、百分数及其教学 [M]. 长沙：湖南人民出版社，1973.

[8] 赵登明 . 分数教学 [M]. 郑州：河南人民出版社，1964.

[9] 孙建，李义杰 . 小学数学结构化单元教学丛书：分数 [M]. 北京：教育科学出版社，2023.

[10] 吴家麒，吴宗良，高海平 . 分数、百分数及其教学 [M]. 南京：江苏人民出版社，1981.

[11] 钱宝琮 . 中国数学史话 [M]. 上海科学技术出版社，2023.

二、期刊类

[1]张奠宙.分数的定义[J].小学教学（数学版），2010（01）：48-49.

[2]张奠宙."分数"教学中需要澄清的几个数学问题[J].小学教学（数学版），2010（01）：4-6.

[3]蒲淑萍."中国 美国 新加坡"小学数学教材中的"分数定义"[J].数学教育学报，2013，22（04）：21-24+70.

[4]朱俊华，吴玉国.结构化学习因"变式"而精彩[J].中小学教师培训，2019（04）：63-65.

[5]张晓，辛自强.分数概念的个体建构：起点与机制及影响因素[J].数学教育学报，2013，22（01）：27-32.

[6]范文贵，郝翡翠.五年级学生对分数意义的理解[J].数学教育学报，2017，26（01）：70-75.

[7]巩子坤，史宁中，张丹.义务教育数学课程标准修订的新视角：数的概念与运算的一致性[J].课程·教材·教法，2022，42（6）：45-51+56.

[8]朱建玲.从分数单位的度量角度入手："分数的意义"教学与思考[J].教育视界，2022（05）：56-57.

[9]陈君敏.单元整体教学理念下"分数的意义"教学若干再思考[J].基础教育论坛，2023（08）：60-62.

[10]刘正松."整体性"与"一致性"：核心知识教学的基本追求：兼评"分数的意义和性质"单元系列课[J].教育研究与评论（小学教育教学），2022（04）：94-96.

[11]钱建兵.单位，让分数"数"出来："分数的意义"教学思考与实践[J].教育研究与评论（小学教育教学），2022（01）：78-81.

[12]孙谦.结构化学材支持儿童思维发展[J].教育研究与评论（小学教育教学），2023（02）：42-45.

[13]孙谦."分数的意义"教学片段与思考[J].小学教学（数学版），2021（Z1）：35-38.

[14]孙谦.数学结构化教学的学材开发与学程设计:以"分数的意义"的教学为例[J].江苏教育,2021(35):12-14.

[15]李莉,高娟娟.追根溯源,探究分数的本质:"分数的意义"两次教学实践与思考[J].小学数学教育,2020(17):29-33.

[16]姚莉莉.一致性:探寻数的概念教学的创新路径:"分数的意义"教学再设计[J].小学教学参考,2023(23):75-77.

[17]牛延凯,曹红.从量纲的角度辨析分数意义[J].数学教学通讯,2023(04):6-8.

[18]杨梅芳.促进素养提升:指向实践应用的结构化学习评价:以"小数的意义"为例[J].小学数学教师,2023(10):31-36.

[19]颜春红.指向深度理解的单元复习课设计:以"分数的意义和性质"单元复习为例[J].小学数学教育,2024(12):24-25.

[20]朱妮娜.如何借助分数墙深入理解分数的意义[J].教学月刊小学版(数学),2024(06):40-41.

[21]蔡立东."分数单位"促单元复习"结构化":"'分数的意义和性质'整理和复习"教学[J].小学教学设计,2024(17):57-59.

[22]平国强.以单元学业质量标准具体化落实"教—学—评"一致性:以"分数的意义和性质"单元为例[J].小学数学教育,2024(11):8-10.

[23]李超,陈惠芳.整合·关联·迁移:"分数的意义"教学实录与评析[J].小学数学教育,2024(08):67-70.

[24]俞人靖,章勤琼.两版教材中"分数的意义"内容的比较研究[J].教育研究与评论,2024(03):67-74.

[25]于勇.基于结构化视角的"数概念"单元整体教学理性思考及实践探索:以苏教版"分数的意义和性质"教学为例[J].中小学教师培训,2024(01):69-75.

[26]吴汝萍.基于数概念的一致性,探索分数的意义:以"分数的初步认识"教学为例[J].河北教育(教学版),2023,61(12):32-35.

[27] 朱俊华.把握学科大概念,感悟认数一致性:"分数的度量意义"教学实践与思考[J].小学数学教育,2023(21):70-72.

[28] 袁晓萍,章晔婷.基于度量意义的分数教学的整体设计与实践:以单元开启课"'量'分数"为例[J].小学数学教师,2023(11):46-51.

[29] 郎俊杰.数学文化融入小学"数概念"教学的课例实践探索:以《分数的意义》教学为例[J].小学教学设计,2023(08):44-48.

[30] 刘正松.分数教学的另一种可能:兼评"认识二分之一"一课[J].教育研究与评论(小学教育教学),2023(01):39-42.

[31] 陆小蓓.解构与重构:基于结构化视角的单元整体设计:以"分数的意义和性质"单元教学为例[J].小学数学教育,2022(18):7-9.

[32] 孟翠玲.迁移拓展,深化学习领悟:苏教版五年级"分数的意义"教学思考[J].数学教学通讯,2022(04):77-78.

[33] 于正军.基于"分数意义"的儿童认知[J].中小学数学(小学版),2021(Z2):1-3.

[34] 朱国平.以核心概念构筑单元内容的纵向链接:"分数的意义和性质"单元整体教学的研究与实践[J].小学数学教师,2021(Z1):32-41.

[35] 陆小蓓.数学结构化教学的学理分析与学情调研:以"分数的意义"的教学为例[J].江苏教育,2021(35):9-11.

后 记

　　"小学数学结构化学习教学指导"是理解与实践新课程标准理念的前瞻探索，是我所在学校——南京市五老村小学教育集团党总支书记、特级教师吴玉国二十多年以来的研究主题。研究传承了五小"生活·实践"教育改革发展经验，以学校管理为研究领域，将高质量发展作为学校教育的生命线，在新时代继承与发展陶行知教育思想。

　　回想参与研究的过程，是我跟随吴老师不断学习的过程。2019年9月，吴老师在五老村小学成立了特级教师工作室，课间经常听到身边年轻老师谈到"结构化""3×3备课""五学"……当看到吴老师与每位青年教师一一同课异构，帮助青年教师诊断课堂并找寻研究方向时，吴老师独特的人格魅力已经深深吸引了我。

　　2019年12月，我加入了吴玉国特级教师工作室，开始了结构化学习的研究之旅。初识"五学"，我加入了"小数研究"团队，从一个"点"的案例研究去了解结构化学习。在吴老师的课堂上，学生自然地想到"创造"小数计数器，从个（个位）扩展到十分之一（十分位）。这样的教学打开了我们的视野，在吴老师的指导下，我再次学习课程标准，学习不同版本小学数学教材的编排体系，重新认识小数的知识结构：十分、十进制、位值计数，由"均分"到"累积"，让学生借助计数器体会"十分"和"十进"，逐步形成完整的"十进制"数位顺序表，将小数融入整个数的认知结构化体系中。我尝试找小数意义的核心元素，尝试理解小数的意义和思维发展的学习机理，第一次亲密接触了"学理分析"，由对教材的关注转向对数学学科本质的关注。

　　在每次开展工作室活动前，吴老师让我们独立思考、表达自己的理解，活动中再亲自专业指导，将理论学习与实践操作有机融合。一个个鲜活的"五学"案例，为我们专业素养发展创设了一个有效的接地气的模式，让我们在平时教学中能进行切实可行的结构化备课和结构化教学实践。在平时的课堂实践中，吴老师指导我们要提升学生结构化的数学眼光、思维方式，关注直观经验意义连续、实际意义系统关联、心智发展迁移循环，我对教学的把握开始走向结构化，不断形成基于"五学"的结构化教学"五力"，即基于"学理"的教学理解力、基于"学情"的教学分析力、基于"学材"的教学创造力、基于"学程"的教学设计力与基于"学评"的教学调控力。

四年多以来，我跟随吴老师经历了江苏省中小学课程基地建设项目《小学数学结构化学习课程基地建设》的申报与实施，教育部重点课题《小学教师结构化教学能力的生成机制与培养策略研究》的申报与研究。2024年6月，我又继续跟随吴老师申报了江苏省基础教育前瞻性教学改革实验项目提升项目"化知识为素养：小学数学结构化学习创新实践"，这是结构化研究工作团队持续20多年主题式探索的延伸实践。此提升项目在整体关联理念与"五学"融通实践基础上，更加关注教师结构化教学能力与学生创造力的培养，旨在全面落实"课程内容结构化"，促进学习方式变革，科学提升核心素养。2023年12月，在吴老师的指导下，五老村小学孙谦副校长和我一起合著的"小学数学结构化学习教学指导丛书"《小数的意义》已经出版。现在，我和朱文娟老师又一起合著了"小学数学结构化学习教学指导丛书"《分数的意义》，以"分数的意义"为例，再次剖析结构化"五学"，让大家能够更加清晰和深刻地埋解结构化"五学"的理念，明晰具体的实践与操作过程。

本书的第一章、第二章由南京市五老村小学朱文娟老师完成，第三章、第四章、第五章和第六章由我完成。在书稿撰写过程中，感谢南京市五老村小学孙谦副校长、陈博文老师对我们的帮助。

感谢吴玉国老师给予我和朱老师的学术引领、精神支持和后勤保障，我们已经迈出研究的脚步，结合课例做了一些研究。感谢五老村小学数学团队，我们一起相伴走在结构化学习的研究之路上，谢谢你们给予我动力去做一名结构化学习研究的实践者。当然，这本书的思考也有不够科学甚至错误的地方，需要进一步研究与实践，恳请专家与读者给予指导与指正。

谨以此书献给大家！

杨梅芳